CONTEÚDO DIGITAL PARA ALUNOS
Cadastre-se e transforme seus estudos em uma experiência única de aprendizado:

1 Entre na página de cadastro:
https://sistemas.editoradobrasil.com.br/cadastro

2 Além dos seus dados pessoais e dos dados de sua escola, adicione ao cadastro o código do aluno, que garantirá a exclusividade do seu ingresso à plataforma.

5291716A3311632

3 Depois, acesse: https://leb.editoradobrasil.com.br/
e navegue pelos conteúdos digitais de sua coleção :D

Lembre-se de que esse código, pessoal e intransferível, é valido por um ano. Guarde-o com cuidado, pois é a única maneira de você acessar os conteúdos da plataforma.

ASSIM eu APRENDO
Gramática

ORGANIZADORA: EDITORA DO BRASIL

1 Ensino Fundamental

5ª edição
São Paulo, 2022

Dados Internacionais de Catalogação na Publicação (CIP)
(Câmara Brasileira do Livro, SP, Brasil)

Assim eu aprendo gramática 1 / organizadora Editora do Brasil. -- 5. ed. -- São Paulo : Editora do Brasil, 2022. -- (Assim eu aprendo)

ISBN 978-85-10-08891-6 (aluno)
ISBN 978-85-10-08892-3 (professor)

1. Língua portuguesa - Gramática (Ensino fundamental) I. Série.

21-81537 CDD-372.61

Índices para catálogo sistemático:

1. Língua portuguesa : Gramática : Ensino fundamental 372.61

Maria Alice Ferreira - Bibliotecária - CRB-8/7964

5ª edição / 2ª impressão, 2023
Impresso na HRosa Gráfica e Editora

Rua Conselheiro Nébias, 887
São Paulo, SP – CEP 01203-001
Fone: +55 11 3226-0211
www.editoradobrasil.com.br

© Editora do Brasil S.A., 2022
Todos os direitos reservados

Direção-geral: Vicente Tortamano Avanso

Direção editorial: Felipe Ramos Poletti
Gerência editorial de conteúdo didático: Erika Caldin
Gerência editorial de produção e design: Ulisses Pires
Supervisão de artes: Andrea Melo
Supervisão de editoração: Abdonildo José de Lima Santos
Supervisão de revisão: Dora Helena Feres
Supervisão de iconografia: Léo Burgos
Supervisão de digital: Ethel Shuña Queiroz
Supervisão de controle de processos editoriais: Roseli Said
Supervisão de direitos autorais: Marilisa Bertolone Mendes

Supervisão editorial: Selma Corrêa
Edição: Camila Gutierrez
Assistência editorial: Jackelin Cavalcante e Márcia Pessoa
Auxílio editorial: Laura Camanho
Especialista em copidesque e revisão: Elaine Silva
Copidesque: Gisélia Costa, Ricardo Liberal e Sylmara Beletti
Revisão: Amanda Cabral, Andréia Andrade, Fernanda Sanchez, Flávia Gonçalves, Gabriel Ornelas, Jonathan Busato, Mariana Paixão, Martin Gonçalves e Rosani Andreani
Pesquisa iconográfica: Alice Matoso
Assistência de arte: Josiane Batista
Design gráfico: Patrícia Lino
Capa: Andrea Melo e Patrícia Lino
Imagem de capa: Sandra Serra
Ilustrações: Adolar, Artur Fujita, Bruna Ishihara, Claudia Marianno, DAE, Daniel Klein, Desenhorama, Estúdio Ornitorrinco, George Tutumi, Ilustra Cartoon, Leonardo Fanelli, Roberto Weigand, Saulo Nunes Marques, Simone Ziasch, Vanessa Volk e Waldomiro Neto
Editoração eletrônica: Bruna Souza, Elbert Stein, Sérgio Rocha e Viviane Yonamine
Licenciamentos de textos: Cinthya Utiyama, Jennifer Xavier, Paula Harue Tozaki e Renata Garbellini
Controle de processos editoriais: Bruna Alves, Carlos Nunes, Rita Poliane, Terezinha de Fátima Oliveira e Valéria Alves

APRESENTAÇÃO

Caro aluno,

Esta coleção de gramática foi elaborada para os cinco primeiros anos do Ensino Fundamental com base em nossa experiência em sala de aula, no dia a dia com as crianças.

Ela foi pensada para você, com o objetivo de conduzi-lo a uma aprendizagem simples e motivada.

A gramática é um importante instrumento de comunicação em diversas esferas. Portanto, estudá-la é indispensável para a comunicação eficaz.

O domínio da gramática ocorre principalmente por meio da prática contínua. Por isso apresentamos uma série de atividades variadas e interessantes. O conteúdo está organizado de tal modo que temos certeza de que seu professor ficará à vontade para aprofundar, de acordo com o critério dele, os itens que julgar merecedores de maior atenção conforme a receptividade da turma.

Acreditamos, assim, que esta coleção tornará o estudo da gramática bem agradável e útil tanto para você quanto para o professor.

Os organizadores

SUMÁRIO

Capítulo 1

Gramática
Alfabeto 9
Atividades 10
Caligrafia 14

Capítulo 2

Gramática
Vogais e consoantes 15
Atividades 16
Caligrafia 19

Capítulo 3

Gramática
Letra **A** 20
Atividades 20
Caligrafia 23

Capítulo 4

Gramática
Letra **E** 24
Atividades 24
Caligrafia 27

Capítulo 5

Gramática
Letra **I** 28
Atividades 28
Caligrafia 31

Capítulo 6

Gramática
Letra **O** 32
Atividades 32
Caligrafia 35

Capítulo 7

Gramática
Letra **U** 36
Atividades 36
Caligrafia 39

Capítulo 8

Gramática
Conhecendo outras palavras 40
Atividades 40
Caligrafia 42

Capítulo 9

Gramática
Letra **F** 43
Atividades 43
Caligrafia 46

Capítulo 10

Gramática
Letra **J** 47
Atividades 47
Caligrafia 51

Capítulo 11

Gramática
Letra **M** 52
Atividades 52
Caligrafia 55

Capítulo 12

Gramática
Letra **N** 56
Atividades 56
Caligrafia 60

Capítulo 13

Gramática
Letra **V** 61
Atividades 61
Caligrafia 64

Capítulo 14

Gramática
Letra **Z** 65
Atividades 65
Caligrafia 69

Capítulo 15

Gramática
Letra **L** 70
Atividades 70
Caligrafia 73

Capítulo 16

Gramática
Letra **S** 74
Atividades 74
Caligrafia 77

Capítulo 17

Gramática
Letra **R** 78
Atividades 78
Caligrafia 81

Capítulo 18

Gramática
Letra **X** 82
Atividades 82
Caligrafia 85

Capítulo 19

Gramática
Letra **B** 86
Atividades 86
Caligrafia 89

Capítulo 20

Gramática
Letra **C** 90
Atividades 90
Caligrafia 93

Capítulo 21

Gramática
Letra **P** 94
Atividades 95
Caligrafia 96

Capítulo 22

Gramática
Letra **D** 97
Atividades 97
Caligrafia 99

Capítulo 23

Gramática
  Letra **T** 100
Atividades 100
Caligrafia 103

Capítulo 24

Gramática
  Letra **G** 104
Atividades 104
Caligrafia 108

Capítulo 25

Gramática
  Continuando com a letra **G** 109
Atividades 110
Caligrafia 113

Capítulo 26

Gramática
  Letra **H** 114
Atividades 114
Caligrafia 117

Capítulo 27

Gramática
  Letra **Q** 118
Atividades 118
Caligrafia 120

Capítulo 28

Gramática
  Continuando com a letra **Q** 121
Atividades 122
Caligrafia 123

Capítulo 29

Gramática
  Letras **NH** 124
Atividades 124
Caligrafia 128

Capítulo 30

Gramática
  Uso do **til** (~) 129
Atividades 130
Caligrafia 133

Capítulo 31

Gramática
  Letras **K**, **W** e **Y** 134
Atividades 134
Caligrafia 136

Recordando o que você aprendeu 137

ASSIM É SEU LIVRO

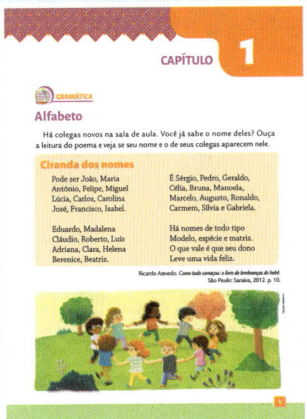

Gramática
Esta seção apresenta, de forma clara e objetiva, o conteúdo principal estudado no capítulo.

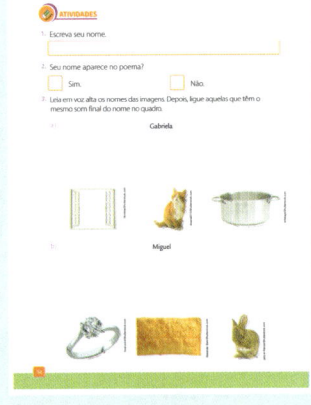

Atividades
Nesta seção, você pratica o que aprendeu em atividades diversificadas e interessantes, preparadas especialmente para esse momento de sua aprendizagem.

Caligrafia
Aqui você encontra atividades que o ajudarão no aprendizado da escrita.

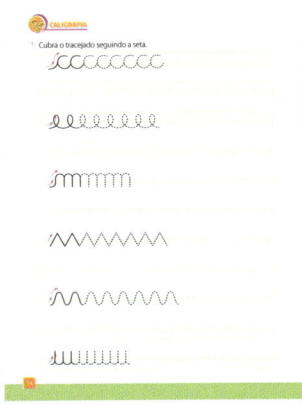

Recordando o que você aprendeu
Para lembrar de tudo o que aprendeu durante o ano, nesta seção há novos exercícios para você praticar. Assim, estará preparado para avançar nos estudos.

CAPÍTULO 1

 **GRAMÁTICA**

Alfabeto

Há colegas novos na sala de aula. Você já sabe o nome deles? Ouça a leitura do poema e veja se seu nome e o de seus colegas aparecem nele.

Ciranda dos nomes

Pode ser João, Maria
Antônio, Felipe, Miguel
Lúcia, Carlos, Carolina
José, Francisco, Isabel.

Eduardo, Madalena
Cláudio, Roberto, Luís
Adriana, Clara, Helena
Berenice, Beatriz.

É Sérgio, Pedro, Geraldo,
Célia, Bruna, Manoela,
Marcelo, Augusto, Ronaldo,
Carmem, Sílvia e Gabriela.

Há nomes de todo tipo
Modelo, espécie e matriz.
O que vale é que seu dono
Leve uma vida feliz.

Ricardo Azevedo. *Como tudo começou: o livro de lembranças do bebê.*
São Paulo: Saraiva, 2012. p. 10.

 **ATIVIDADES**

1. Escreva seu nome.

2. Seu nome aparece no poema?

☐ Sim. ☐ Não.

3. Leia em voz alta os nomes das imagens. Depois, ligue aquelas que têm o mesmo som final do nome no quadro.

a) Gabriela

b) Miguel

4. Para escrever, usamos letras. Você sabe quantas letras existem para escrever em português? São 26 letras que, juntas, chamamos de **alfabeto**.
O professor lerá o alfabeto e você acompanhará a leitura.

M N O P

Q R S T

  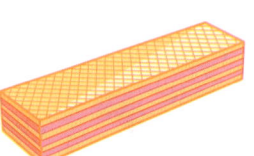 

U V W X

Y Z

5. Complete as letras que faltam no alfabeto. Depois, pinte as letras do alfabeto que aparecem no seu nome.

A		C	D	E
	G	H		J
K		M	N	O
	Q	R	S	
U	V	W		Y
Z				

6. As palavras podem ser escritas com letras de formatos diferentes. Ligue os nomes que forem iguais.

Isabel   *Bruna*

Miguel   *Miguel*

Bruna   *Isabel*

 **CALIGRAFIA**

1. Cubra o tracejado seguindo a seta.

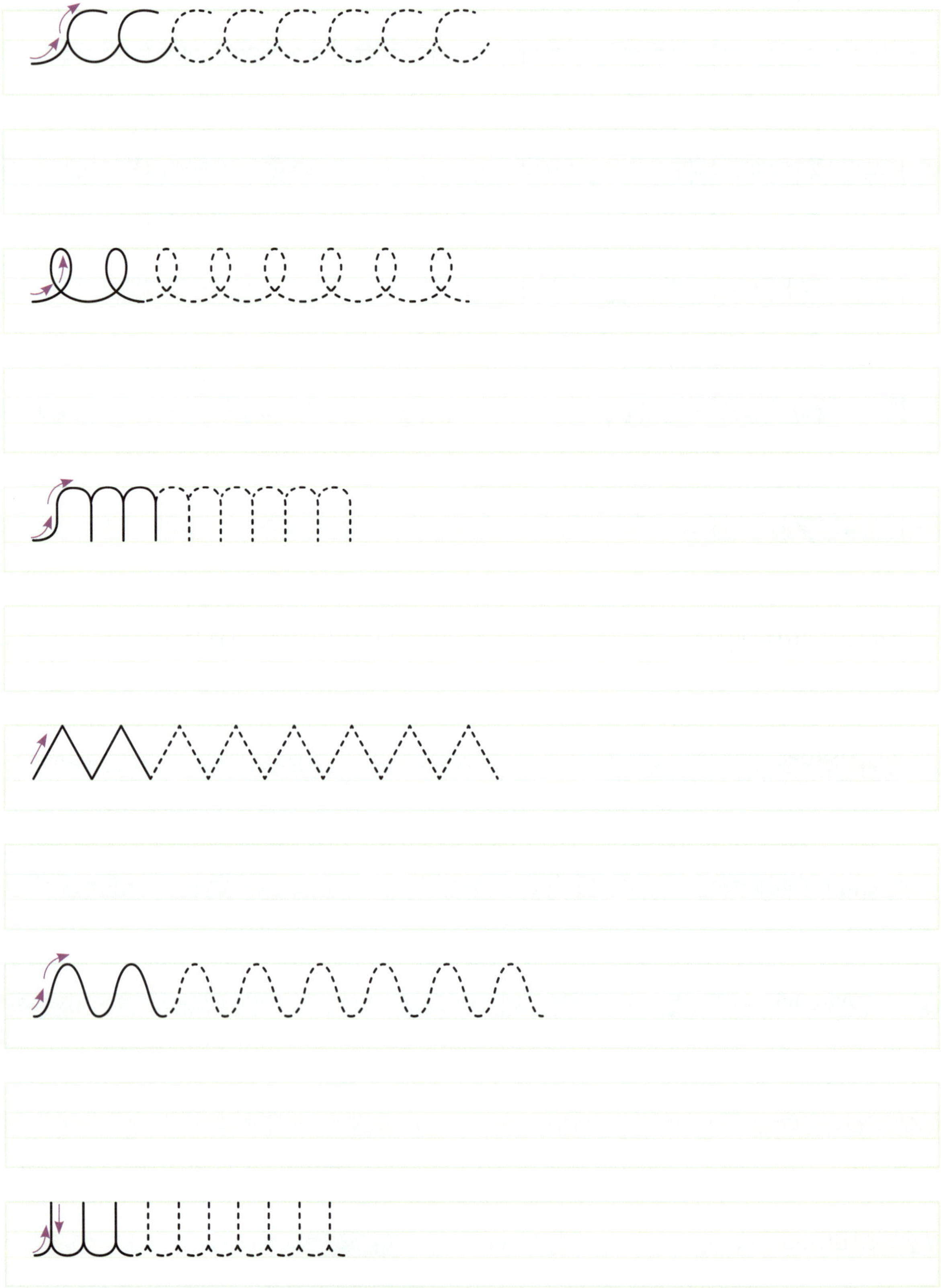

CAPÍTULO 2

 GRAMÁTICA

Vogais e consoantes

Algumas letras são chamadas de **vogais** e outras são chamadas de **consoantes**. Juntas, essas letras formam palavras.

Quando falamos as **vogais**, deixamos nossa boca bem aberta e a língua fica quase sempre na mesma posição. Vamos ler?

A a   E e   I i   O o   U u

Mas existem outras letras que, quando as falamos, fazem com que nossa boca e nossa língua mudem de posição. São as **consoantes**.

B b   C c   D d   F f   G g   H h   J j

K k   L l   M m   N n   P p   Q q   R r

S s   T t   V v   W w   X x   Y y   Z z

 **ATIVIDADES**

1. Brincar com bolhas de sabão é muito divertido! Para deixar a brincadeira ainda mais animada, pinte de cores variadas as bolhas com vogais.

a) Que vogais apareceram mais de uma vez nas bolinhas?

_____

b) Que vogais apareceram apenas uma vez?

_____

2. Complete o nome das imagens com as vogais que faltam. Depois, leia o nome delas.

a) _____ranha

b) _____lefante

c) gat_____

d) kiw_____

e) macac_____

f) c_____sa

g) f_____ca

h) _____vo

i) leã_____

j) ag_____lha

3. Complete o nome das imagens com as consoantes que faltam. Escolha entre as consoantes do quadro.

| P | R | M | G |

a) _____ato

c) _____ato

b) _____ato

d) _____ato

4. Leve as frutas à tigela correspondente à letra inicial dos nomes delas.

 **CALIGRAFIA**

1. Cubra as letras tracejadas nos alfabetos.

A B C D E F G

H I J K L M N

O P Q R S T U

V W X Y Z

a b c d e f g

h i j k l m n

o p q r s t u

v w x y z

CAPÍTULO **3**

 GRAMÁTICA

Letra A

𝒶 𝒶
A **a**

Arara

 ATIVIDADES

1. Observe as imagens. Depois, pinte aquelas que começam com a vogal **a**.

a)

abelha

c)
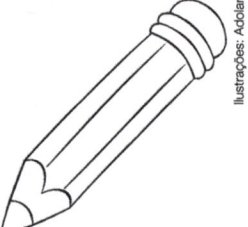
lápis

b)

escova

d)

anel

2. Circule a vogal **a** das palavras.

a) uva

b) Alan

c) Renata

d) flauta

e) lanterna

f) cama

3. Observe as letras **a**. Depois, ligue a letra maiúscula à minúscula que a ela corresponde.

a   a

A   a

4. Leia o nome das crianças. Escreva-os nas colunas correspondentes.

Nomes que **começam** com a letra **a**	Nomes que **terminam** com a letra **a**

5. Recorte e cole cinco palavras que tenham a letra **a**.

 **CALIGRAFIA**

1. Leia e escreva a letra **a**.

CAPÍTULO 4

 GRAMÁTICA

Letra E

Ɛ ℓ
E e

Elefante

 ATIVIDADES

1. Em uma salada, utilizamos legumes, frutas e verduras. Veja o nome de alguns deles e circule a letra **e**.

a)
cebola

c)
rabanete

e)
abacate

b)
espinafre

d)
pera

f)
tomate

2. Circule as palavras que começam com a letra **e**.

a) Eliete
b) cera
c) alface
d) esqueleto
e) escola
f) Heitor

3. Trace o caminho e descubra quais imagens chegam à casa da letra **e**. Depois, perceba o que os nomes das imagens têm em comum.

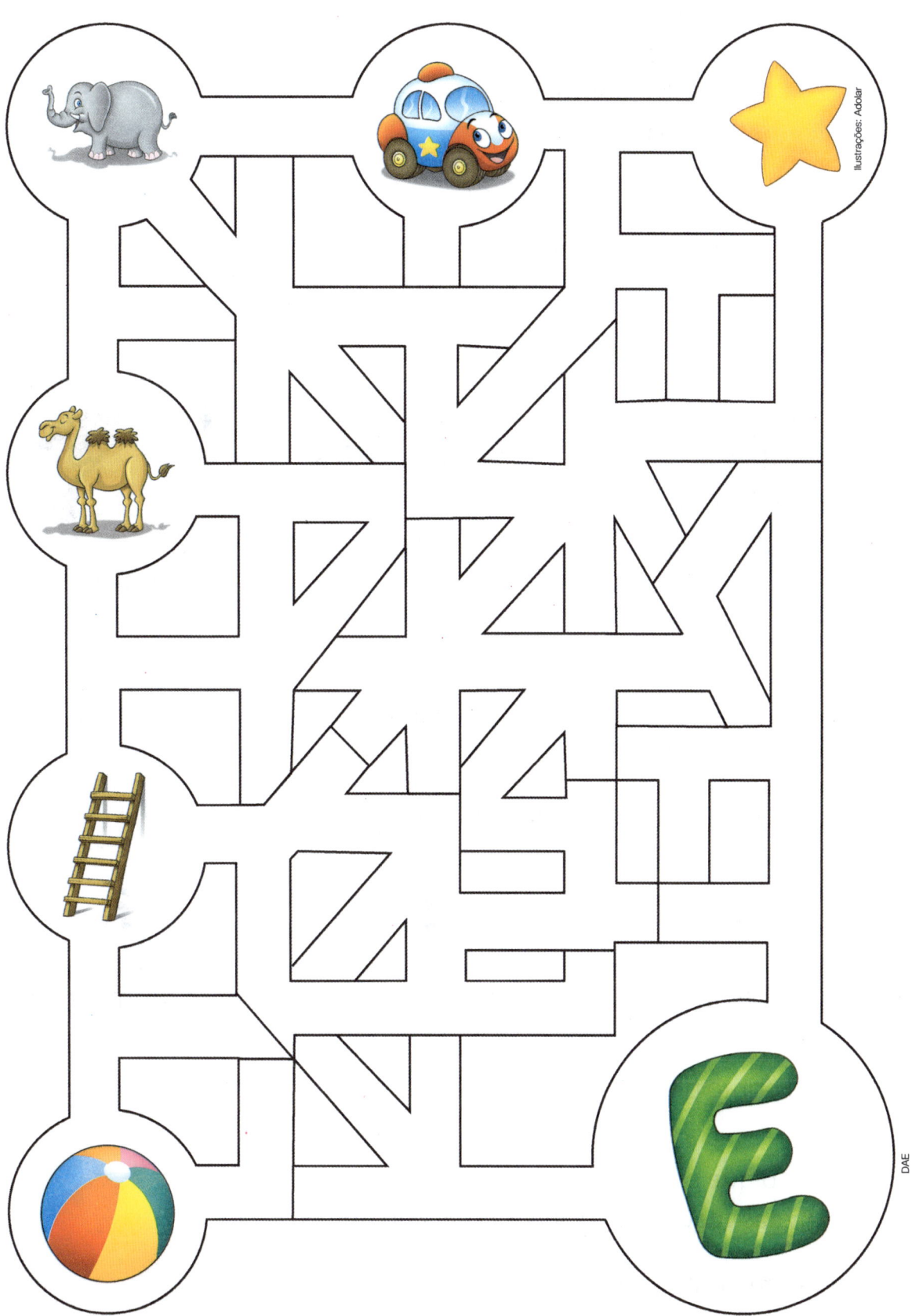

4. Leia a adivinha e circule a resposta.

> O que é, o que é?
> Animal gigante,
> Tem um curto rabinho
> E uma tromba na frente.

Adivinha.

Dica: seu nome começa com a letra **e**.

| girafa | elefante | esquilo |

5. Marque com um **X** o sinal que indica uma pergunta na adivinha.

.	!	?
ponto final	ponto de exclamação	ponto de interrogação

6. Falta um ponto de interrogação na adivinha a seguir. Coloque-o.

O que é, o que é _____
É meu, mas meus amigos usam mais do que eu.

Escreva a resposta aqui:

26

7. Recorte e cole cinco palavras que tenham a vogal **e**.

CALIGRAFIA

1. Leia e escreva a letra **e**.

E E E

e e e

Ɛ Ɛ Ɛ

ℓ ℓ ℓ

CAPÍTULO 5

 **GRAMÁTICA**

Letra I

Iogurte

 **ATIVIDADES**

1. O nome dos três irmãos começa com a letra **i**. Descubra os nomes completando-os com essa letra.

    a) _____sadora

    b) _____ lda

    c) _____van

Usamos letra inicial maiúscula para escrever nome de pessoas.

2. Igor fez aniversário. Veja o que havia na festa e circule a letra **i** das palavras.

a)
brincadeiras

d)
fantasia

b)
amigos

e)
limonada

c)
brigadeiro

f)
microfone

3. Complete as palavras com a letra **i** e copie-as.

a)
_____dosa

_____

b)
_____glu

_____

c)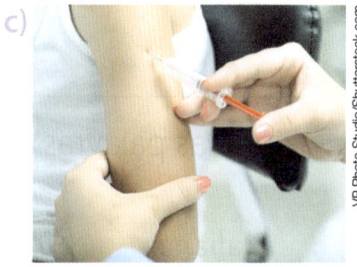
_____njeção

_____

4. Leia a cantiga e marque quantas palavras há em cada verso. Depois, faça um desenho ao lado da cantiga.

Fui no Itororó ☐

Beber água, não achei ☐

Achei bela morena ☐

Que no Itororó deixei. ☐

Aproveite, minha gente, ☐

que uma noite não é nada. ☐

Se não dormir agora, ☐

dormirá de madrugada. ☐
[...]

Cantiga.

5. Faça um traço para separar as palavras da cantiga.

Senãodormiragora,
Dormirádemadrugada.

6. Escreva a palavra da cantiga que começa com a letra **i**.

_____

7. Ligue as palavras iguais.

aliança   Tiago

Tiago   colibri

colibri   aliança

8. Circule o nome que corresponde a cada imagem.

a)

igreja   ilha   ímã   ioiô

c)

igreja   ilha   ímã   ioiô

b)

igreja   ilha   ímã   ioiô

d)

igreja   ilha   ímã   ioiô

 **CALIGRAFIA**

1. Leia e escreva a letra **i**.

31

CAPÍTULO 6

 **GRAMÁTICA**

Letra O

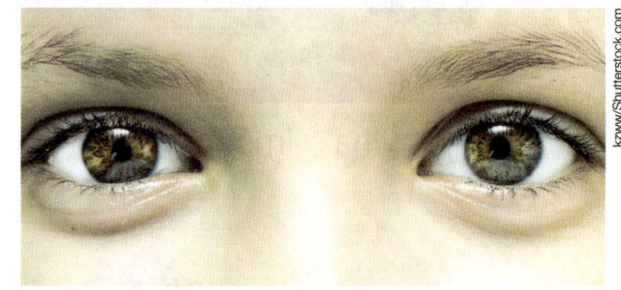

Olhos

 **ATIVIDADES**

1. Identifique as palavras que começam com a letra **o**. Depois, ligue-as à caixa do lado direito.

   a) escola

   b) ovo

   c) cama

   d) onda

   e) sapato

   f) ônibus

2. Circule a letra **o** das palavras a seguir.

a) corda   c) pipoca   e) mágico   g) golfinho
b) coelho   d) ouriço   f) oceano   h) orca

3. Você é capaz de falar rapidamente os versos escritos a seguir?

> O sapo dentro do saco.
> O saco com o sapo dentro.
> O sapo batendo papo.
> O papo cheio de vento.
>
> Trava-língua.

Essa modalidade de verso chama-se **trava-língua**. Recite muitas vezes esses versos até conseguir falar rapidamente e depois desafie seus amigos a repeti-los. Circule todas as letras **o** do trava-língua e conte quantas você pintou.

Resposta: _____.

4. Esqueceram de deixar espaço entre as palavras do trava-língua! Separe-as com um traço.

> Osapodentrodosaco.
> Osacocomosapodentro.
> Osapobatendopapo.
> Opapocheiodevento.

5. Observe as letras **o** representadas abaixo. Depois, ligue a letra maiúscula à respectiva letra minúscula.

O   O

O   o

6. Complete as palavras com a letra **o**.

a) caval___   b) tij___l___   c) g___iaba   d) ___cul___s

7. Leia a fábula.

A Rã e o Touro

Uma Rã boiava na lagoa, quando avistou um Touro. Tomada pela inveja, resolveu que iria se encher de ar para ficar do tamanho daquele belo animal.

Depois de inspirar algumas vezes, perguntou às amigas se havia atingido as dimensões do Touro. Elas riram e responderam que não.

A Rã tornou a inspirar sem parar. Seu corpo foi crescendo, crescendo, inchando, inchando, até explodir. Bum!

Brasil. Ministério da Educação (org.). Secretaria de Alfabetização (coord.). *O corvo e o jarro e outras histórias*. Brasília, DF: MEC/Sealf, 2020. p. 8-10. (Coleção Conta pra Mim). Disponível em: http://alfabetizacao.mec.gov.br/images/conta-pra-mim/livros/versao_digital/o_corvo_e_o_jarro_versao_digital.pdf. Acesso em: 12 nov. 2020.

Circule os personagens da história.

ovelha   touro   gato   rã

8. Releia o final da história. Circule o sinal que indica que a leitura deve mostrar surpresa.

A Rã tornou a inspirar sem parar. Seu corpo foi crescendo, crescendo, inchando, inchando, até explodir. Bum!

9. Recorte e cole cinco palavras que tenham a letra **o**.

CALIGRAFIA

1. Leia e escreva a letra **o**.

CAPÍTULO 7

GRAMÁTICA

Letra U

U u
U u

Uva

ATIVIDADES

1. Circule as imagens cujos nomes começam com a letra **u**.

a) unha

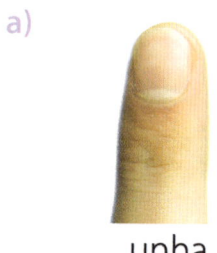

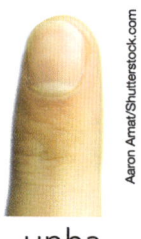

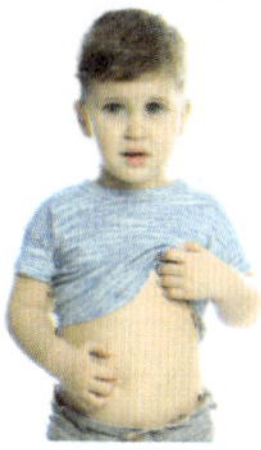

b) anel

c) gato

d) urubu

e) umbigo

f) melão

g) urso

h) cenoura

i) picolé

2. Circule a letra **u** das palavras. Depois, escreva-as nas linhas a seguir.

a) chapéu
b) aula
c) Lúcia
d) autor
e) jabuticaba
f) tutu

_____

_____

3. Descubra as palavras que faltam para completar a parlenda.

O _____ olhou fundo

Pro lado do _____,

E o _____ não aturou.

— Até tu, seu _____,

Quer a pele do _____?

Parlenda.

4. Complete as palavras com a letra **u** e ligue-as às imagens.

___irap___r___

___niforme

caj___

o___riço

___m

5. Recorte e cole cinco palavras que tenham a letra **u**.

CALIGRAFIA

1. Leia e escreva a letra **u**.

CAPÍTULO 8

GRAMÁTICA

Conhecendo outras palavras

Ai **ai** **Ao** **ao**

Ei **ei** **Ia** **ia** **Oi** **oi**

ATIVIDADES

1. Leia a tira do Bidu e faça um **X** nas falas dos personagens.

— OLHA LÁ, BIDU! VEM VINDO UM GATO! VAMOS CORRER?
— VAMOS!

AU! AU! AU! AU!

Maurício de Sousa. *Turma da Mônica: Bidu – Hora do banho*. Porto Alegre: L&PM Pocket, 2013. p. 12, tira 2805.

Copie a fala do cachorro no último quadrinho.

_____

2. Você reparou que existem sinais no final das falas dos personagens? Ligue as colunas para descobrir para que eles servem.

! Ponto de exclamação.   Indica uma pergunta.

? Ponto de interrogação.   Indica surpresa ou emoção.

3. Junte as vogais para escrever o som que o cachorro faz.

a + u = _____

4. Leia unindo as letras e depois escreva as palavras.

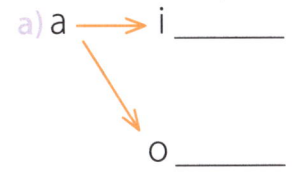

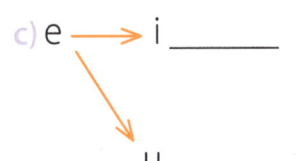

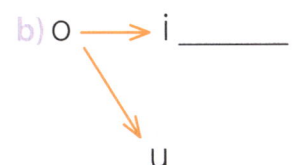

a) a → i _____
   ↘ o _____

b) o → i _____
   ↘ u _____

c) e → i _____
   ↘ u _____

d) i → a _____

e) u → i _____

5. Observe as imagens e complete os balões com as palavras da atividade 4.

a) cumprimento

b) machucado

6. Escolha palavras do quadro para completar os versos da cantiga.

eu   oi   ai   ia

Ai, _____ entrei na roda.

_____, eu não sei como se dança.

Ai, _____ entrei na "rodadança".

_____, eu não sei dançar!

Cantiga.

7. Escreva quantas palavras há em cada verso.

[...] eu entrei na roda. ☐   [...] eu não sei como se dança. ☐

CALIGRAFIA

1. Leia e copie os encontros de vogais.

ai ai ai ai ai

ia ia ia ia ia

eu eu eu eu eu

oi oi oi oi oi

ou ou ou ou ou

CAPÍTULO 9

GRAMÁTICA

Letra F

Leia o poema.

> Fabrício falou que fotografou
> fantasmas jogando futebol.
> Fabiana falou que Fabrício fotografou
> foliões no maior fuzuê.
>
> Jonas Ribeiro. *Alfabético: almanaque do alfabeto poético*. São Paulo: Editora do Brasil, 2015. p. 25.

ATIVIDADES

1. Pinte as palavras do texto que tenham a letra **f**.
2. Você sabe o que é **fuzuê**? Troque os símbolos pelas letras correspondentes e descubra.

- ☺ – A
- ♥ – B
- 🏠 – Ç
- ★ – G
- 💧 – N
- ☀ – U

♥	☺	★	☀	💧	🏠	☺

3. Faça um **X** na(s) figura(s) que mostra(m) o que Fabrício fotografou.

Fantasmas jogando futebol.   Foliões fantasiados de fantasmas.

4. Quantas vezes você abre a boca para pronunciar as palavras a seguir? Escreva ao lado.

futebol ☐   Fabiana ☐

> Cada parte pronunciada da palavra chama-se **sílaba**.

5. Escreva o nome das figuras. Ligue aquelas que começam com a mesma sílaba.

_____   _____

_____   _____

6. Descubra a palavra! Escreva as sílabas destacadas nos quadradinhos e leia a nova palavra. Depois, faça um desenho para representar a palavra que você descobriu.

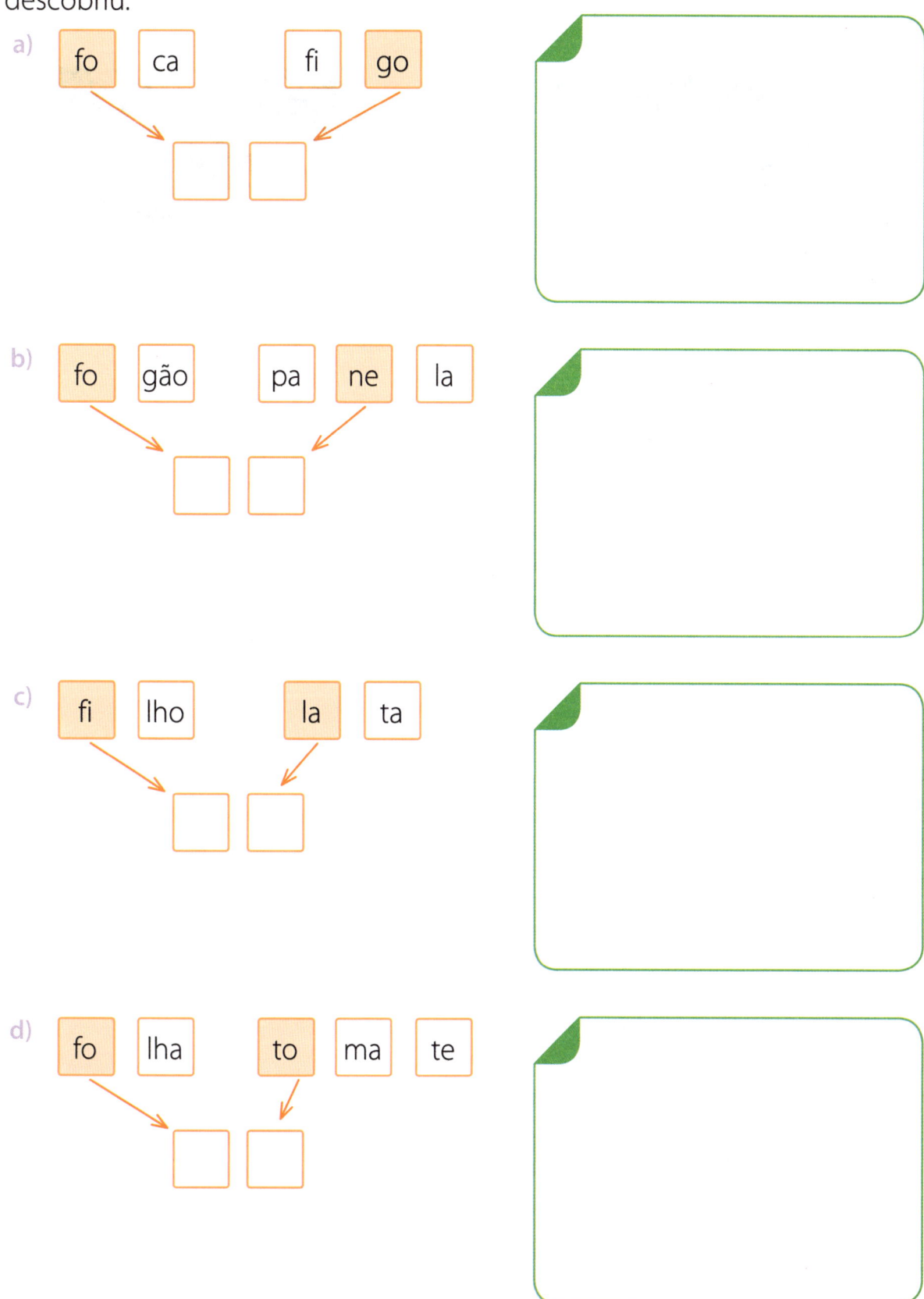

a) fo | ca | fi | go → ☐ ☐

b) fo | gão | pa | ne | la → ☐ ☐

c) fi | lho | la | ta → ☐ ☐

d) fo | lha | to | ma | te → ☐ ☐

7. Complete as palavras usando as sílabas do quadro. Escreva a palavra formada ao lado.

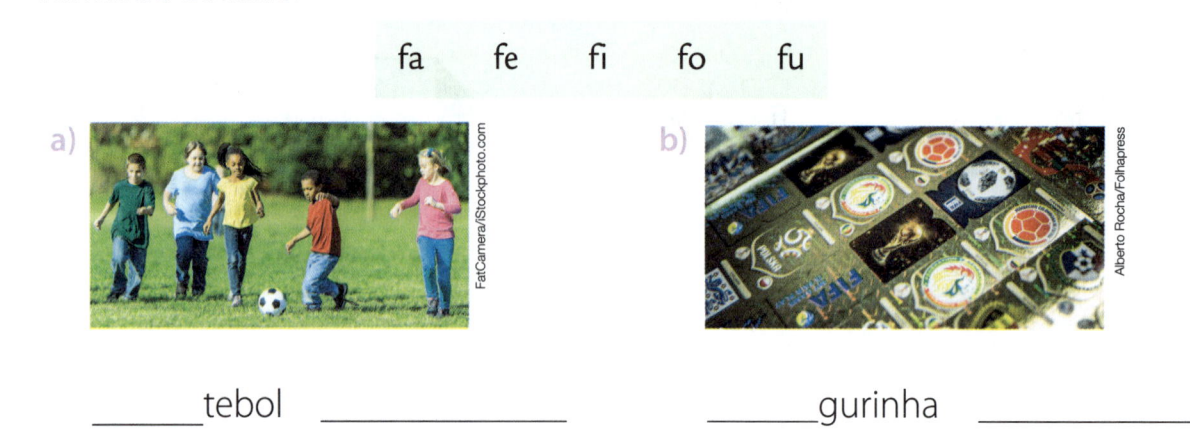

fa   fe   fi   fo   fu

a) _____tebol _____

b) _____gurinha _____

CALIGRAFIA

1. Leia e escreva as sílabas com a letra **f**.

FA   FE   FI   FO   FU

fa   fe   fi   fo   fu

𝓕a   𝓕e   𝓕i   𝓕o   𝓕u

fa   fe   fi   fo   fu

CAPÍTULO 10

GRAMÁTICA

Letra J

Observe o calendário.

2022

Janeiro						
Dom	Seg	Ter	Qua	Qui	Sex	Sáb
						1
2	3	4	5	6	7	8
9	10	11	12	13	14	15
16	17	18	19	20	21	22
23	24	25	26	27	28	29
30	31					

Fevereiro						
Dom	Seg	Ter	Qua	Qui	Sex	Sáb
		1	2	3	4	5
6	7	8	9	10	11	12
13	14	15	16	17	18	19
20	21	22	23	24	25	26
27	28					

Março						
Dom	Seg	Ter	Qua	Qui	Sex	Sáb
		1	2	3	4	5
6	7	8	9	10	11	12
13	14	15	16	17	18	19
20	21	22	23	24	25	26
27	28	29	30	31		

Abril						
Dom	Seg	Ter	Qua	Qui	Sex	Sáb
					1	2
3	4	5	6	7	8	9
10	11	12	13	14	15	16
17	18	19	20	21	22	23
24	25	26	27	28	29	30

Maio						
Dom	Seg	Ter	Qua	Qui	Sex	Sáb
1	2	3	4	5	6	7
8	9	10	11	12	13	14
15	16	17	18	19	20	21
22	23	24	25	26	27	28
29	30	31				

Junho						
Dom	Seg	Ter	Qua	Qui	Sex	Sáb
			1	2	3	4
5	6	7	8	9	10	11
12	13	14	15	16	17	18
19	20	21	22	23	24	25
26	27	28	29	30		

Julho						
Dom	Seg	Ter	Qua	Qui	Sex	Sáb
					1	2
3	4	5	6	7	8	9
10	11	12	13	14	15	16
17	18	19	20	21	22	23
24	25	26	27	28	29	30
31						

Agosto						
Dom	Seg	Ter	Qua	Qui	Sex	Sáb
	1	2	3	4	5	6
7	8	9	10	11	12	13
14	15	16	17	18	19	20
21	22	23	24	25	26	27
28	29	30	31			

Setembro						
Dom	Seg	Ter	Qua	Qui	Sex	Sáb
				1	2	3
4	5	6	7	8	9	10
11	12	13	14	15	16	17
18	19	20	21	22	23	24
25	26	27	28	29	30	

Outubro						
Dom	Seg	Ter	Qua	Qui	Sex	Sáb
						1
2	3	4	5	6	7	8
9	10	11	12	13	14	15
16	17	18	19	20	21	22
23	24	25	26	27	28	29
30	31					

Novembro						
Dom	Seg	Ter	Qua	Qui	Sex	Sáb
		1	2	3	4	5
6	7	8	9	10	11	12
13	14	15	16	17	18	19
20	21	22	23	24	25	26
27	28	29	30			

Dezembro						
Dom	Seg	Ter	Qua	Qui	Sex	Sáb
				1	2	3
4	5	6	7	8	9	10
11	12	13	14	15	16	17
18	19	20	21	22	23	24
25	26	27	28	29	30	31

Dmitrii_Guzhanin/iStockphoto.com

ATIVIDADES

1. Circule os nomes dos meses que começam com a letra **j**.
2. Circule, no calendário, o dia do seu aniversário.

3. Faça um **X** na ordem correta que os meses aparecem no calendário.

janeiro	fevereiro	março	abril	maio	junho
julho	agosto	setembro	outubro	novembro	dezembro

outubro	março	agosto	maio	janeiro	julho
abril	setembro	fevereiro	novembro	dezembro	junho

4. Ligue os nomes dos animais às imagens.

jaguatirica

jegue

jiboia

joaninha

5. Junte as sílabas e descubra alguns nomes de pessoas que começam com a letra **j**.

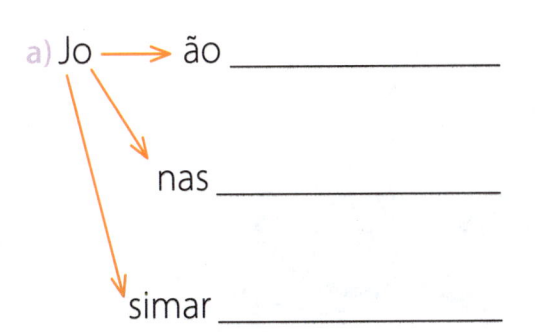

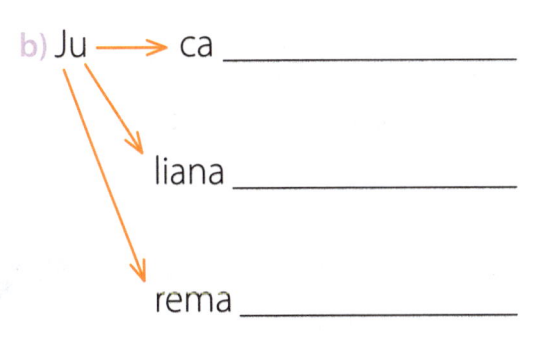

a) Jo → ão _____   b) Ju → ca _____

   nas _____   liana _____

   simar _____   rema _____

6. Ordene as sílabas e descubra a resposta.

a) O leão tem uma bem grande.

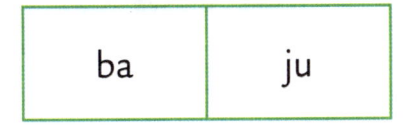

ba	ju

_____

b) É uma frutinha preta e muito doce.

bu	ba	ti	ja	ca

_____

c) Todos nós temos dois.

jo	lhos	e

_____

d) Aquele que joga.

ga	jo	dor

_____

7. Leia a parlenda e pinte da mesma cor as palavras que rimam.

Jacaré foi ao mercado,
não sabia o que comprar
comprou uma cadeira
para a comadre se sentar.

A comadre se sentou,
a cadeira esborrachou.
Jacaré chorou, chorou
o dinheiro que gastou.

Cantiga.

8. O jacaré voltou ao mercado e comprou alguns alimentos.

gelatina   feijão   caju   cereja   canjica
vagem   manjericão   berinjela   geleia   jiló

- Copie o nome dos alimentos que têm a letra **j**.

_____

_____

_____

9. Desembaralhe as sílabas e escreva o texto.

na-Jo-a   viu uma   gua-ja-ca-ti-ri   perto da   bei-ja-ti-ca-ra-bu   je-ho   .

_____

10. Recorte palavras que comecem com a letra **j** e cole no quadro.

CALIGRAFIA

1. Leia e escreva as sílabas com a letra **j**.

JA   JE   JI   JO   JU

ja   je   ji   jo   ju

Ja   Je   Ji   Jo   Ju

ja   je   ji   jo   ju

CAPÍTULO 11

GRAMÁTICA

Letra M

Leia o poema.

> Com M abro a mochila cheia de
> coisas boas para comer e escolho:
> macarrão, mandioca, maracujá, mamão,
> milho, mingau, melancia, melão.
>
> Marco Antônio Hailer.
> *Um mundo chamado alfabeto*.
> São Paulo: Carochinha, 2014. p. 33.

ATIVIDADES

1. No quadro a seguir, separe os alimentos que estavam na mochila.

Alimentos salgados	Alimentos doces

2. Ligue somente as palavras que rimam.

macarrão

pipoca

mingau

melão

mandioca

melancia

3. Veja as ilustrações e coloque na mochila apenas as figuras que começam com a letra **m**.

4. Encontre no diagrama o nome das figuras que são resposta da atividade 3.

P	R	C	A	M	A	R	V	B
S	P	M	E	I	A	F	J	W
O	S	N	U	C	E	Q	A	A
X	M	A	R	T	E	L	O	E
W	A	P	O	R	U	N	R	T
E	R	I	L	M	A	Ç	Ã	G
I	B	R	F	O	U	O	T	P
C	N	C	M	O	E	D	A	J
J	A	T	O	W	Q	H	S	C

5. Fale bem rápido o trava-língua a seguir.

Menino que muda muito
Muda muito de repente,
Pois sempre que a gente muda
O mundo muda com a gente.

Elias José. *Quem lê com pressa tropeça: o ABC do trava-língua*. Belo Horizonte: Lê, 2012. p. 16.

a) Quantas vezes a palavra **muda** aparece no trava-língua?

b) Copie as palavras que têm o som parecido com o som da palavra **muda**.

6. Ligue o nome à imagem.

teia

feia

meia

CALIGRAFIA

1. Leia e escreva as sílabas com a letra **m**.

MA   ME   MI   MO   MU

ma   me   mi   mo   mu

Ma   Me   Mi   Mo   Mu

ma   me   mi   mo   mu

CAPÍTULO 12

GRAMÁTICA

Letra N

Leia o poema.

Narval

O Narval parece peixe,
você pode se enganar.
Ele vive dentro d'água,
mas sai pra respirar.

Maiti Frank Carril e Rodrigo Frank. *De avestruz a zebra*. São Paulo: Ática, 2002. p. 26.

ATIVIDADES

1. O narval vive no mar. Qual das figuras iniciadas pela letra **n** também podemos encontrar no mar? Pinte a figura e escreva o nome dela.

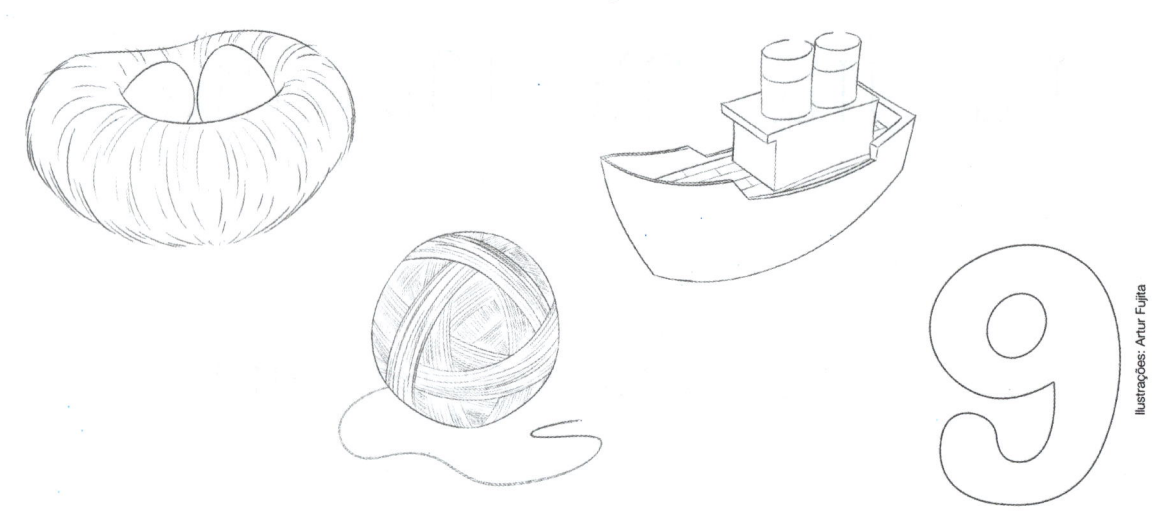

2. Escolha uma das opções do quadro para completar o poema. Observe a rima!

tossir   pegar um ar   morar

O Narval parece peixe,
você pode se enganar.
Ele vive dentro d'água,

mas sai pra _____.

3. Separe as sílabas e pinte a sílaba que tiver a letra **n**.

a) namorado

b) boneca

c) menino

d) piano

4. Complete a cantiga.

_____ neném

que a _____ vem pegar

_____ foi pra roça
mamãe foi trabalhar.
Desce, gatinho,
de cima do telhado
pra ver se a criança

dorme um _____ sossegado.

Cantiga.

Pinte com a mesma cor as palavras que rimam na cantiga.

5. Ligue o nome à imagem.

a) neve

nove

nave

b) novela

novelo

novelho

c) caneca

caneta

canela

d) banana

batata

barata

6. Recorte palavras que contenham as sílabas **na**, **ne**, **ni**, **no** e **nu**. Depois, cole-as nos espaços correspondentes. Escolha uma delas para escrever uma frase.

a) NA

b) NE

c) NI

d) NO

e) NU

Eu escolhi a palavra _____.

Minha frase é: _____.

CALIGRAFIA

1. Leia e escreva as sílabas com a letra **n**.

NA   NE   NI   NO   NU

na ne ni no nu

𝒩a 𝒩e 𝒩i 𝒩o 𝒩u

na ne ni no nu

CAPÍTULO 13

GRAMÁTICA

Letra V

Leia o poema e pinte todas as palavras que tenham a letra **v**.

> O vampiro Valdomiro
> voa vigorosamente
> vai dançar lá na Varsóvia
> cruza o vale velozmente
> valsa a noite inteirinha
> vive a vida avidamente.

Rosinha. *ABC do trava-língua*. São Paulo: Editora do Brasil, 2012. p. 25.

ATIVIDADES

1. Quantas vezes a letra **v** apareceu no poema? ☐

2. O que o som da letra **v** lembra? Marque a resposta com um **X**.

☐ O som da batida de um tambor.   ☐ O som do vento.   ☐ O som de um mosquito voando.

3. Leve o vampiro até seu castelo passando apenas pelas palavras que começam com **v**.

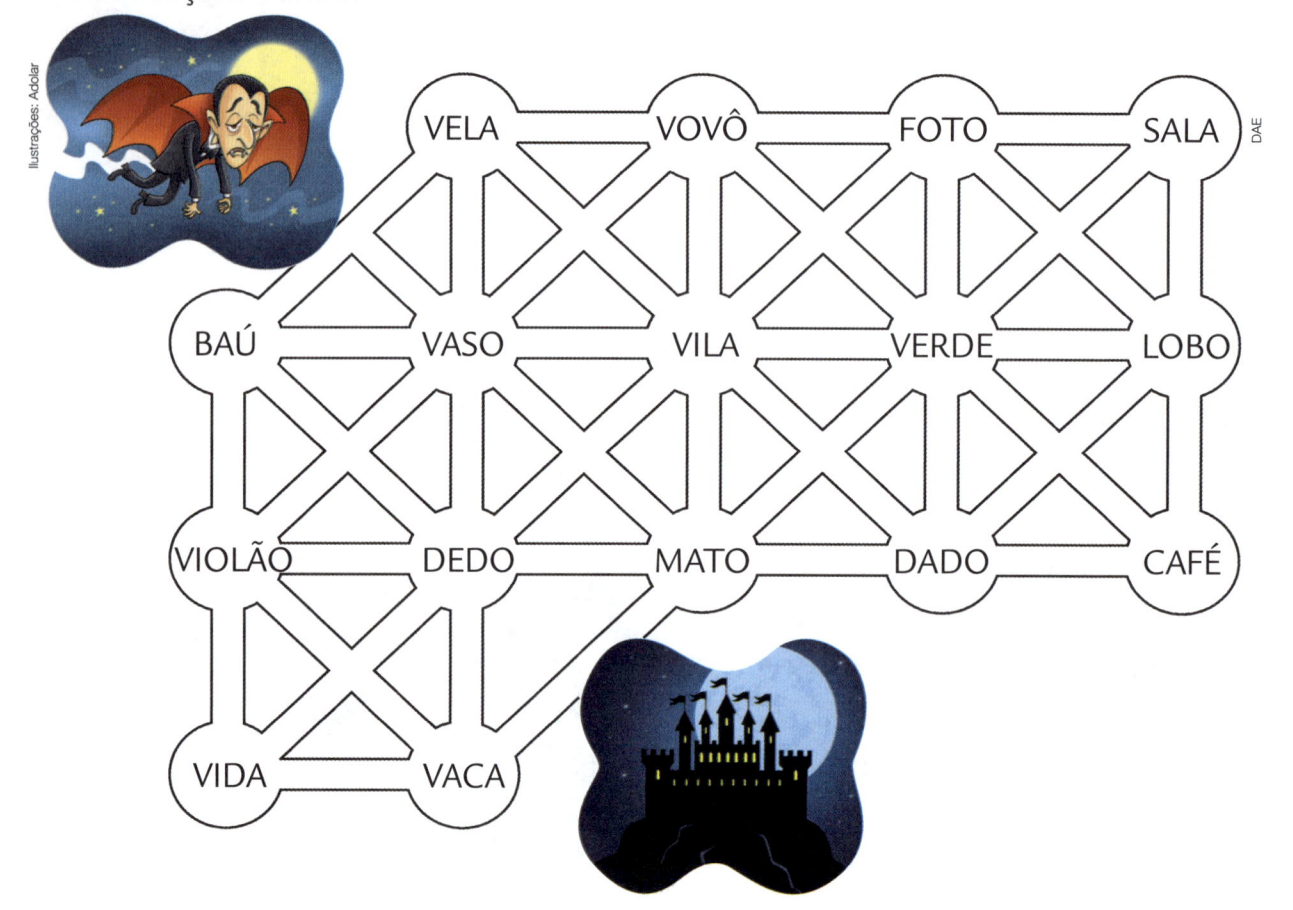

VELA — VOVÔ — FOTO — SALA
BAÚ — VASO — VILA — VERDE — LOBO
VIOLÃO — DEDO — MATO — DADO — CAFÉ
VIDA — VACA

4. Observe a imagem e complete as frases.

a) O _____ está _____ roupa _____.

b) A _____ adora _____.

c) Vinícius ficou com _____ e quer _____ também.

5. Reescreva as frases substituindo as imagens pelas palavras que as representam.

a) A [varanda] do [vovô] é enorme!

_____

b) O [avião] é um meio de transporte muito rápido e seguro.

_____

c) O [pavão] é uma ave que não voa.

_____

d) Vera toca [violão] muito bem.

_____

6. Junte as sílabas e forme palavras.

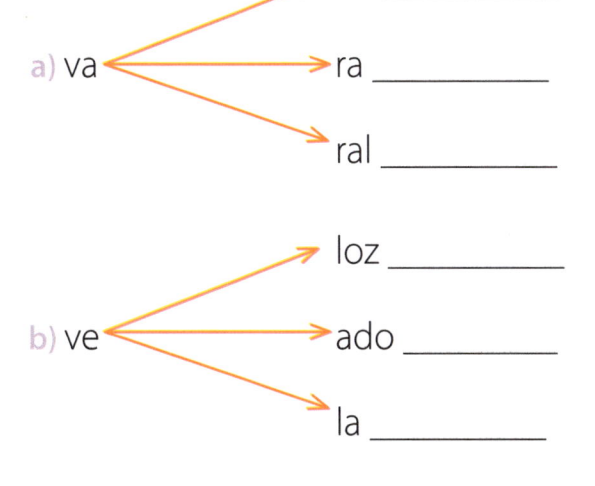

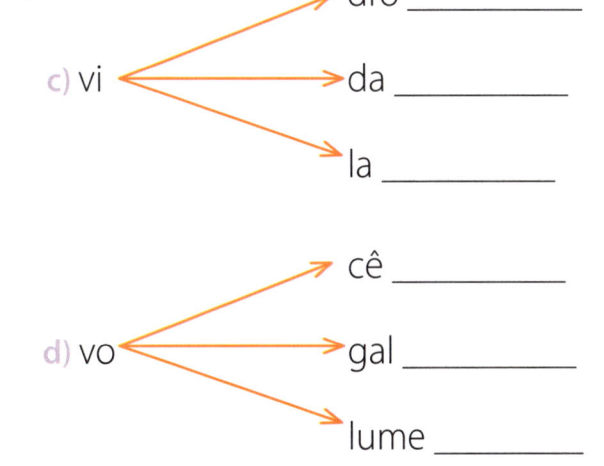

a) va → lor _____
     → ra _____
     → ral _____

b) ve → loz _____
     → ado _____
     → la _____

c) vi → dro _____
     → da _____
     → la _____

d) vo → cê _____
     → gal _____
     → lume _____

CALIGRAFIA

1. Leia e escreva as sílabas com a letra **v**.

VA   VE   VI   VO   VU

va   ve   vi   vo   vu

𝒱a   𝒱e   𝒱i   𝒱o   𝒱u

va   ve   vi   vo   vu

CAPÍTULO 14

GRAMÁTICA

Letra Z

Leia o poema.

> A zebra é toda listrada...
> Mas na hora da sonequinha,
> nem hesita,
> gosta mesmo
> é de pijama de bolinha!

Renata Bueno. *Mas... É sempre assim?* São Paulo: Editora do Brasil, 2015. p. 10-11.

ATIVIDADES

1. Como seriam os pijamas de outros animais? Escolha os pijamas que rimam e complete os poemas.

A girafa é toda manchada...	O urso é bem peludo...
Mas, na hora do soninho,	Mas, na hora da sonequinha,
nem hesita,	nem hesita,
gosta mesmo	gosta mesmo
é de pijama	é de pijama
_____!	_____!

Pijama de: coraçãozinho.  listrinha. xadrezinho.  estrelinha.

2. Complete as palavras com a letra **z** e copie-as.

a) de ____ embro _____

b) dú ____ ia _____

c) vi ____ inho _____

d) locali ____ ar _____   Uma dúzia de bananas.

3. Complete corretamente o texto com as palavras do quadro.

| fazendeiro   zangado   dezoito   algazarra   Zé   fazenda |

_____ foi à _____ com _____ amigos!

Foi uma verdadeira _____. O _____ ficou

_____ com tanta bagunça.

4. Desenhe um animal que Zé viu na fazenda. Depois escreva o nome e uma característica dele.

_____

5. Encontre as palavras escritas com **z**. Depois, escreva-as nas linhas a seguir.

A	O	U	R	G	A	Z	E	T	A	Q	S	D	W	S
F	F	T	G	B	T	G	S	C	V	F	M	Z	E	Q
B	A	N	Z	O	L	M	N	M	B	Z	E	B	R	A
H	Z	G	B	Y	H	Z	H	N	U	J	M	I	K	A
Z	E	B	U	F	B	A	Z	A	R	T	Y	H	J	M
D	R	V	T	G	H	D	S	A	M	I	Z	E	R	O
A	E	R	E	T	G	A	Z	U	L	B	L	Y	H	N

_____

_____

6. Observe a imagem e complete as palavras das frases.

a) Luí _____ a vai ao ba _____ ar com sua mãe.

b) Ela quer comprar uma jaqueta a _____ ul.

c) Enquanto elas se aproximam do ba _____ ar, ouvem uma bu _____ ina.

d) É a Za _____ á, amiga da mãe de Luí _____ a.

e) Zazá fa _____ um bom caminho e elas chegam bem rápido ao bazar.

f) Luíza pensa que a ami _____ ade é a melhor coisa do mundo!

7. Recorte palavras que contenham as sílabas **za**, **ze**, **zi**, **zo** ou **zu** e cole-as nos espaços correspondentes.

a) ZA

b) ZE

c) ZI

d) ZO

e) ZU

8. Escolha seis palavras que você encontrou e copie-as.

_____

_____

_____

CALIGRAFIA

1. Leia e escreva as sílabas com a letra **z**.

ZA   ZE   ZI   ZO   ZU

za ze zi zo zu

za ze zi zo zu

za ze zi zo zu

CAPÍTULO 15

GRAMÁTICA

Letra L

Leia o poema.

> **Leão**
>
> O leão é o rei da selva,
> e é muito respeitado,
> mas se chega o elefante
> ele cai fora assustado.

Maiti Frank Carril e Rodrigo Frank.
De avestruz a zebra. São Paulo:
Ática, 2002. p. 22.

ATIVIDADES

1. Ligue o nome dos animais as suas qualidades. **Dica**: são palavras que terminam com o mesmo som.

a) elefante

- gigante
- rabugento
- elegante

b) leão

- mandão
- corajoso
- valentão

2. Complete os nomes dos animais com as sílabas do quadro.

la   le   li   lo   lu

a) _____gartixa

b) _____bre

c) _____nce

d) _____bo-guará

e) _____la

f) _____opardo

3. Com lápis colorido, ligue cada nome a sua imagem.

a) cebola

b) laço

c) lupa

4. Descubra novas palavras seguindo as instruções.

a) LUVA: se tirar o **v** fica _____.

b) ROLA: se trocar o **r** pelo **b** fica _____.

c) PATA: se trocar o **p** pelo **l** fica _____.

d) CALA: se trocar o **c** pelo **s** fica _____.

5. Ligue a frase correta em cada quadrinho à imagem correspondente.

a)
- O leite derramou.
- A lata tombou.
- A menina está na sala.

b)
- O olho de Luana é azul.
- A lanterna não funciona.
- Ana descasca a cebola.

c)
- O lixo está na lata.
- Vovó tempera a comida.
- O lobo uiva.

d)
- O detetive usa a lupa.
- A lâmpada queimou.
- Lúcia coloca as luvas, pois está frio.

CALIGRAFIA

1. Leia e escreva as sílabas com a letra l.

LA   LE   LI   LO   LU

la le li lo lu

La Le Li Lo Lu

la le li lo lu

CAPÍTULO 16

GRAMÁTICA

Letra S

Leia a lista de compras.

3 sabonetes
1 detergente
4 tomates
1 sabão em pó
2 sopas (lata)
5 laranjas
1 suco de uva

ATIVIDADES

1. Como está organizada a lista?

☐ Em parágrafos.   ☐ Em itens.    ☐ Em versos.

2. Leia os nomes dos itens em voz alta. Assinale aqueles que apresentam o som da letra **s** na primeira sílaba.

a)   c)   e)

b)   d)   f)

3. Misturaram uma lista de compras com uma lista de convidados para uma festa! Leia em voz alta e escreva os nomes nos locais corretos.

Samira, sapato, salgadinho, Sérgio, sagu,
Solange, Sabrina, suco, sorvete, Sandro

Lista de compras	Lista de convidados

4. Escreva o nome das figuras. Depois, circule a palavra que começa com a mesma sílaba da palavra que você escreveu.

a) _____

sabonete – suco – sopa

b) _____

sabonete – suco – sopa

c) _____

sabonete – suco – sopa

5. Escreva três nomes de pessoas que comecem com a letra **s**. Lembre-se de usar letra maiúscula.

_____   _____   _____

6. Fale as palavras em voz alta. Escreva ao lado o número de sílabas que cada uma tem.

a)  ☐ sapo

b)  ☐ sorvete

c)  ☐ salada

d)  ☐ suco

CALIGRAFIA

1. Leia e escreva as sílabas com a letra **s**.

SA   SE   SI   SO   SU

sa se si so su

𝒮a 𝒮e 𝒮i 𝒮o 𝒮u

sa se si so su

CAPÍTULO 17

GRAMÁTICA

Letra R

Leia o trava-língua.

> **Rato**
> O rato Romualdo
> rói o rei, rói a rainha
> rói a roupa do Romeu
> rói as rendas da Rosinha.

Rosinha. *ABC do trava-língua*. São Paulo: Editora do Brasil, 2012. p. 20.

ATIVIDADES

1. Desafio: leia o trava-língua em voz alta. Em seguida, circule nele as palavras que começam com a letra **r**.

2. O que o som da letra **r** lembra? Marque a resposta com um **X**.

a) ☐ O som do vento.

b) ☐ O som de alguém assoprando uma vela.

c) ☐ O som do motor de uma moto.

3. Ligue cada palavra à imagem cujo nome começa com a mesma sílaba.

a) ralado

b) regato

c) rico

d) rolo

e) rugido

4. Forme palavras com as sílabas abaixo.

1	ro	2	da	3	sa	4	ba	5	to
6	ma	7	ri	8	ra	9	re	10	na

a) 1, 6 _____

b) 1, 2 _____

c) 7, 3, 2 _____

d) 7, 6 _____

e) 8, 1 _____

f) 9, 6 _____

g) 8, 5 _____

h) 7, 5 _____

i) 1, 3 _____

j) 8, 3 _____

k) 8, 4, 10, 2 _____

l) 9, 5 _____

79

5. Cante com seus amigos.

Roda, roda, roda
Pé, pé, pé
Roda, roda, roda
Caranguejo peixe é

Caranguejo não é peixe
Caranguejo peixe é
Caranguejo só é peixe
Na enchente da maré

Olha a palma, palma, palma
Olha o pé, pé, pé
Roda, roda, roda
Caranguejo peixe é!

Cantiga.

6. Circule as palavras que se repetem na cantiga.

7. Recorte e cole nomes de pessoas que comecem com a letra **r**.

CALIGRAFIA

1. Leia e escreva as sílabas com a letra **r**.

RA   RE   RI   RO   RU

ra re ri ro ru

Ra Re Ri Ro Ru

ra re ri ro ru

CAPÍTULO 18

GRAMÁTICA

Letra X

Leia o cartaz da campanha abaixo.

LIXO NÃO TEM PÉ
ACERTE NA LATA
#CidadeDaGente

Material de campanha de conscientização promovida pela Prefeitura Municipal de Pedro Osório.

ATIVIDADES

1. O cartaz apresenta:

    ☐ imagem e texto que falam sobre o lixo.

    ☐ texto sem imagem que fala sobre o lixo.

    ☐ imagem sem texto que fala sobre o lixo.

    ☐ imagem e texto que falam sobre assunto desconhecido.

2. Leia as frases abaixo e marque com um **X** qual é o *slogan*, que é uma frase curta e fácil de lembrar usada em propagandas e campanhas.

- [ ] Lixo não tem pé. Acerte na lata.
- [ ] O lixo que é jogado no chão não andará sozinho até a lata.
- [ ] Jogue o lixo dentro da lata de lixo.

3. Faça um desenho mostrando o lugar certo para colocar o lixo. Crie um *slogan* para ele.

4. Pinte as sílabas **xa**, **xe**, **xi**, **xo** ou **xu** das palavras.

a) li | xo

b) be | xi | ga

c) tá | xi

d) a | ba | ca | xi

e) bru | xa

f) ca | xum | ba

g) fa | xi | na

h) cai | xa

5. Recorte palavras que contenham **xa**, **xe**, **xi**, **xo** ou **xu** e cole-as nos espaços correspondentes.

XA

XE

XI

XO

XU

6. Escolha duas palavras do quadro e escreva uma frase.

xícara   xará   peixe   lagartixa   mexer

_____

CALIGRAFIA

1. Leia e escreva as sílabas com a letra **x**.

XA   XE   XI   XO   XU

xa   xe   xi   xo   xu

Xa   Xe   Xi   Xo   Xu

xa   xe   xi   xo   xu

CAPÍTULO 19

GRAMÁTICA

Letra B

Leia o trava-língua.

Um bode bravo
é uma barra!
E o bode berra
e o bode baba
na barba.

Trava-língua.

ATIVIDADES

1. Copie do texto as palavras que começam com a letra **b**.

_____

_____

2. Separe as sílabas das palavras abaixo.

   a) banca
   b) bala
   c) balé
   d) baliza
   e) banana
   f) batata

3. Escreva o nome dos animais abaixo e dê a eles uma qualidade que também se inicie com a letra **b**.

a) _____

b) _____

c) _____

_____ _____ _____

4. Junte as sílabas e descubra as palavras.

a)  bil + bo + quê

c)  ca + ram + bo + la

_____ _____

b) ba + lan + ço

d)  sa + bo + ne + te

_____ _____

5. Complete com as sílabas **ba**, **be**, **bi**, **bo** ou **bu** e escreva a palavra formada.

a) ____zina _____

b) um____go _____

c) ____le _____

d) ____tata _____

e) ca____de _____

f) qui____ _____

6. Ordene as sílabas e forme as palavras.

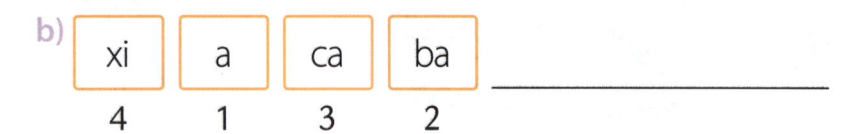

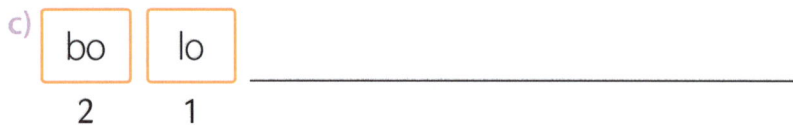

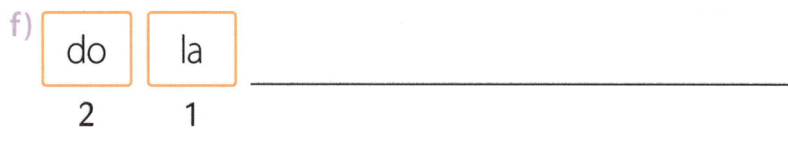

a) | ba | la | le | _____
     1   3   2

b) | xi | a | ca | ba | _____
     4   1   3   2

c) | bo | lo | _____
     2   1

d) | che | bo | cha | _____
      2   1   3

e) | ni | quí | bi | _____
     3   2   1

f) | do | la | _____
     2   1

g) | ti | que | bu | _____
     2   3   1

Lobo-guará.

7. Recorte e cole cinco palavras que comecem com a letra **b**.

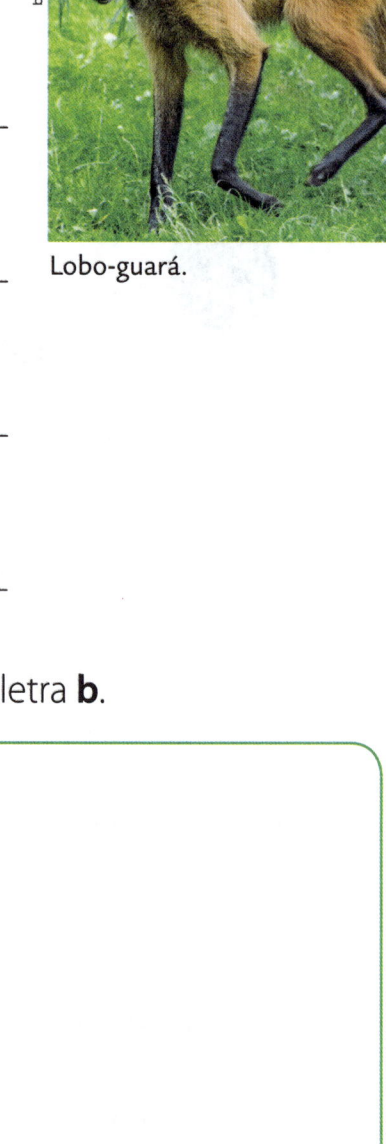

CALIGRAFIA

1. Leia e escreva as sílabas com a letra **b**.

BA   BE   BI   BO   BU

ba   be   bi   bo   bu

Ba   Be   Bi   Bo   Bu

ba   be   bi   bo   bu

CAPÍTULO 20

GRAMÁTICA

Letra C

Leia o poema.

> É tranquila a capivara,
> pois não gosta de brigar.
> E aqueles dentes tão fortes?
> São só pra mastigar.

Maiti Frank Carril e Rodrigo Frank.
De avestruz a zebra.
São Paulo: Ática, 2002. p. 6.

ATIVIDADES

1. Assim como a capivara, há outros animais cujos nomes começam com a letra **c**. Escreva alguns desses nomes.

a)

b)

c)

_____   _____   _____

2. Ligue as palavras às imagens.

a) cômoda

b) café

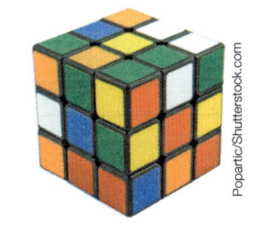

c) foca

d) careta

e) cubo

3. Forme palavras unindo as sílabas e as escreva.

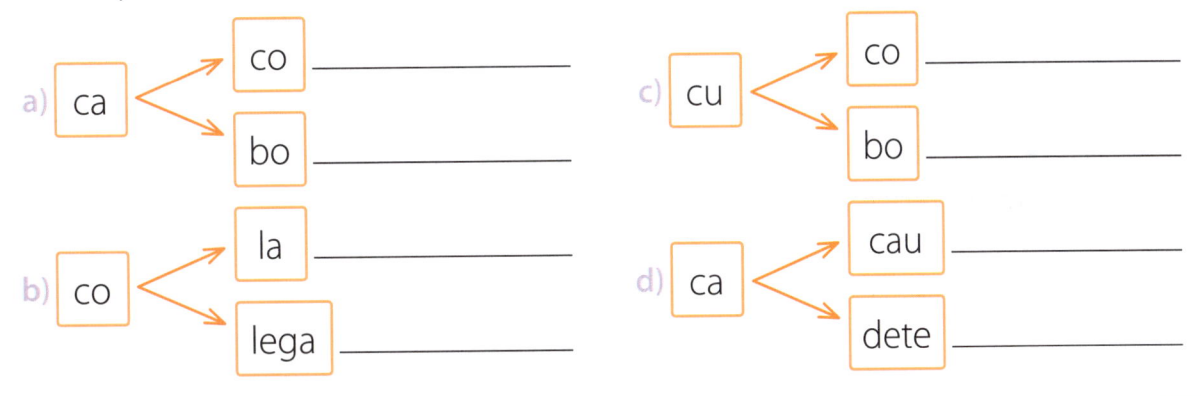

a) ca → co _____
         → bo _____

b) co → la _____
         → lega _____

c) cu → co _____
         → bo _____

d) ca → cau _____
         → dete _____

4. Das palavras que você formou na atividade 3, escolha três e escreva uma frase com cada uma delas.

_____

_____

_____

_____

5. Complete as palavras com **ca**, **co** ou **cu**.

a) _____bide

b) _____queiro

c) _____eca

6. Escreva as frases substituindo as imagens pelos seus nomes.

a) Um 🍄 nasceu no jardim de Catarina.

_____

b) Edir gosta de brincar de 👧.

_____

c) O 👑 do pajé é colorido.

_____

CALIGRAFIA

1. Leia e escreva as sílabas com a letra **c**.

CA CO CU

ca co cu

Ca Co Cu

ca co cu

CAPÍTULO 21

GRAMÁTICA

Letra P

Leia o começo do conto.

O patinho feio

A mamãe pata tinha escolhido um lugar ideal para fazer seu ninho: um cantinho bem protegido no meio da folhagem, perto do rio que contornava o velho castelo. Mais adiante estendiam-se o bosque e um lindo jardim florido.

Naquele lugar sossegado, a pata agora aquecia pacientemente seus ovos. Por fim, após a longa espera, os ovos se abriram um após o outro, e das cascas rompidas surgiram, engraçadinhos e miúdos, os patinhos amarelos que, imediatamente, saltaram do ninho.

Porém um dos ovos ainda não se abrira; era um ovo grande, e a pata pensou que não o chocara o suficiente. Impaciente, deu umas bicadas no ovão e ele começou a se romper.

No entanto, em vez de um patinho amarelinho, saiu uma ave cinzenta e desajeitada. Nem parecia um patinho.

Para ter certeza de que o recém-nascido era um patinho, e não outra ave, a mãe-pata foi com ele até o rio e o obrigou a mergulhar junto com os outros.

Quando viu que ele nadava com naturalidade e satisfação, suspirou aliviada. Era só um patinho muito, muito feio. Tranquilizada, levou sua numerosa família para conhecer os outros animais que viviam nos jardins do castelo.

[...]

Claudia Marianno

Hans Christian Andersen. O patinho feio. *In:* Brasil. Ministério da Educação. *Alfabetização: contos tradicionais, fábulas, lendas e mitos.* Brasília, DF: MEC, 2000. v. 2, p. 69. Disponível em: www.dominiopublico.gov.br/download/texto/me001614.pdf. Acesso em: 18 nov. 2020.

ATIVIDADES

1. Quais são os personagens do conto?

☐ patinhos   ☐ coruja   ☐ mamãe pata   ☐ patinho feio

2. Assinale o lugar onde começa a história.

☐ Numa folhagem perto do rio.   ☐ Dentro do castelo.

☐ Numa casa na cidade.   ☐ Nas areias da praia.

3. Qual é a ordem correta dos acontecimentos da história? Numere os trechos.

☐ O patinho feio nadou junto com seus irmãos.

☐ A mamãe pata arrumou um cantinho protegido para fazer seu ninho.

☐ Do último ovo que se abriu, nasceu um patinho diferente.

☐ Depois de um tempo, os patinhos começaram a sair dos ovos.

4. Forme palavras unindo as sílabas e as escreva.

a) pa → pagaio _____
      → cote _____

b) pi → poca _____
      → colé _____

CALIGRAFIA

1. Leia e escreva as sílabas com a letra **p**.

PA   PE   PI   PO   PU

pa   pe   pi   po   pu

Pa   Pe   Pi   Po   Pu

pa   pe   pi   po   pu

CAPÍTULO 22

GRAMÁTICA

Letra D

Leia o trava-língua.

Doce

O doce perguntou pro doce
qual é o doce mais doce
que o doce de batata-doce?
O doce respondeu pro doce
que o doce mais doce que
o doce de batata-doce
é o doce de doce de batata-doce.

Trava-língua.

ATIVIDADES

1. Que palavra do trava-língua é repetida várias vezes e começa com a letra **d**?

_____

2. Complete as palavras com **da**, **de**, **di**, **do** ou **du** e copie-as.

a) da_____ _____

b) cabi_____ _____

c) _____tado _____

d) me_____lha _____

e) E_____arda _____

f) me_____ _____

3. Forme palavras unindo as sílabas e as escreva.

a) da → ta _____
   da → masco _____

b) de → bate _____
   de → mais _____

c) di → ca _____
   di → zia _____

d) do → dói _____
   do → minó _____

e) du → cha _____
   du → que _____

f) da → ma _____
   da → do _____

4. Separe as sílabas.

a) tomada ☐ ☐ ☐

b) digo ☐ ☐

c) labareda ☐ ☐ ☐ ☐

d) ilhado ☐ ☐ ☐

e) fidelidade ☐ ☐ ☐ ☐ ☐

Labareda.

5. Complete as frases com as palavras do quadro.

dolorido   dormiu

a) Daniel _____ cedo ontem.

b) Duda caiu e seu joelho ficou _____.

# CALIGRAFIA

1. Leia e escreva as sílabas com a letra **d**.

DA   DE   DI   DO   DU

da   de   di   do   du

Da   De   Di   Do   Du

da   de   di   do   du

CAPÍTULO 23

GRAMÁTICA

Letra T

Leia a receita.

Receita de tapioca

Ingredientes:
- 1 xícara de polvilho doce;
- 10 colheres de sopa de água;
- 1 pitada de sal.

Modo de preparo

Misture bem os ingredientes até virar uma farinha grossa. Preaqueça uma frigideira em fogo médio e peneire a farinha sobre ela. Alise a superfície com uma colher. Em aproximadamente 5 minutos a farinha irá grudar e adquirir formato mais arredondado. Coloque o recheio sobre a tapioca e dobre-a ao meio. Aguarde mais um minuto para o recheio aquecer. Bom apetite!

Dica: a tapioca pode ter recheio doce ou salgado.

Receita escrita especialmente para esta obra.

ATIVIDADES

1. Assinale a alternativa correta.

☐ O texto foi dividido em duas partes: modo de preparo e história da tapioca.

☐ O texto mistura os ingredientes com o modo de preparo.

☐ O texto foi dividido em duas partes: ingredientes e modo de preparo.

2. As partes da receita culinária abaixo foram misturadas! Escreva cada parte no campo correto. Depois, recorte e cole uma imagem para acompanhar a receita ou faça um desenho.

Regue o tomate picado com azeite e acrescente o sal.   Misture tudo e bom apetite!

Lave bem e pique o tomate em cubinhos.   Azeite e sal a gosto.   1 tomate.

Salada de tomate

Ingredientes:

_____

_____

Modo de preparo

_____

_____

_____

3. Complete a tabela com as palavras que tenham as sílabas indicadas.

tucano   torre   titia   toalha   tabuada   texugo
Teresa   tagarela   tigre   Votuporanga

TA	TE	TI	TO	TU

101

4. Escreva as palavras trocando os números pelas letras. Depois, ligue as palavras à imagem correspondente.

TA	RA	TU	NA	ZA	RE	TE	TI	LA
1	2	3	4	5	6	7	8	9

a) __ __
   1   3

b) __ __ __ __
   1   3   2   4

c) __ __ __ __
   4   3   6   5

5. Escreva uma frase para cada imagem.

a) _____

b) _____

6. Escreva o nome das imagens a seguir separando as sílabas.

a) ☐ ☐

b) ☐ ☐ ☐

c) ☐ ☐ ☐

d) ☐ ☐ ☐ ☐

CALIGRAFIA

1. Leia e escreva as sílabas com a letra **t**.

TA   TE   TI   TO   TU

ta   te   ti   to   tu

Ta   Te   Ti   To   Tu

ta   te   ti   to   tu

CAPÍTULO 24

GRAMÁTICA

Letra G

Leia o poema.

Goiaba

Antes de ver a goiaba,
já sei que é tempo
de goiaba.

O ar se enche do cheiro
de goiaba.
A boca se enche de água
E desejo de comer goiaba.

Goiaba é fruta gostosa
de comer no pé.
Quanto mais no campo,
quanto mais alta está
no galho
a goiaba,
mais madura,
mais gostosa.

Elias José. *Poesia é fruta doce e gostosa*.
São Paulo: FTD, 2006. p. 8.

ATIVIDADES

1. Como o poema foi organizado?

☐ Em versos e estrofes.   ☐ Em linhas e parágrafos.

2. Leia as frases do quadro e assinale as características que foram citadas no poema. Depois, organize as informações escrevendo o nome da fruta e copie as características dela no diagrama.

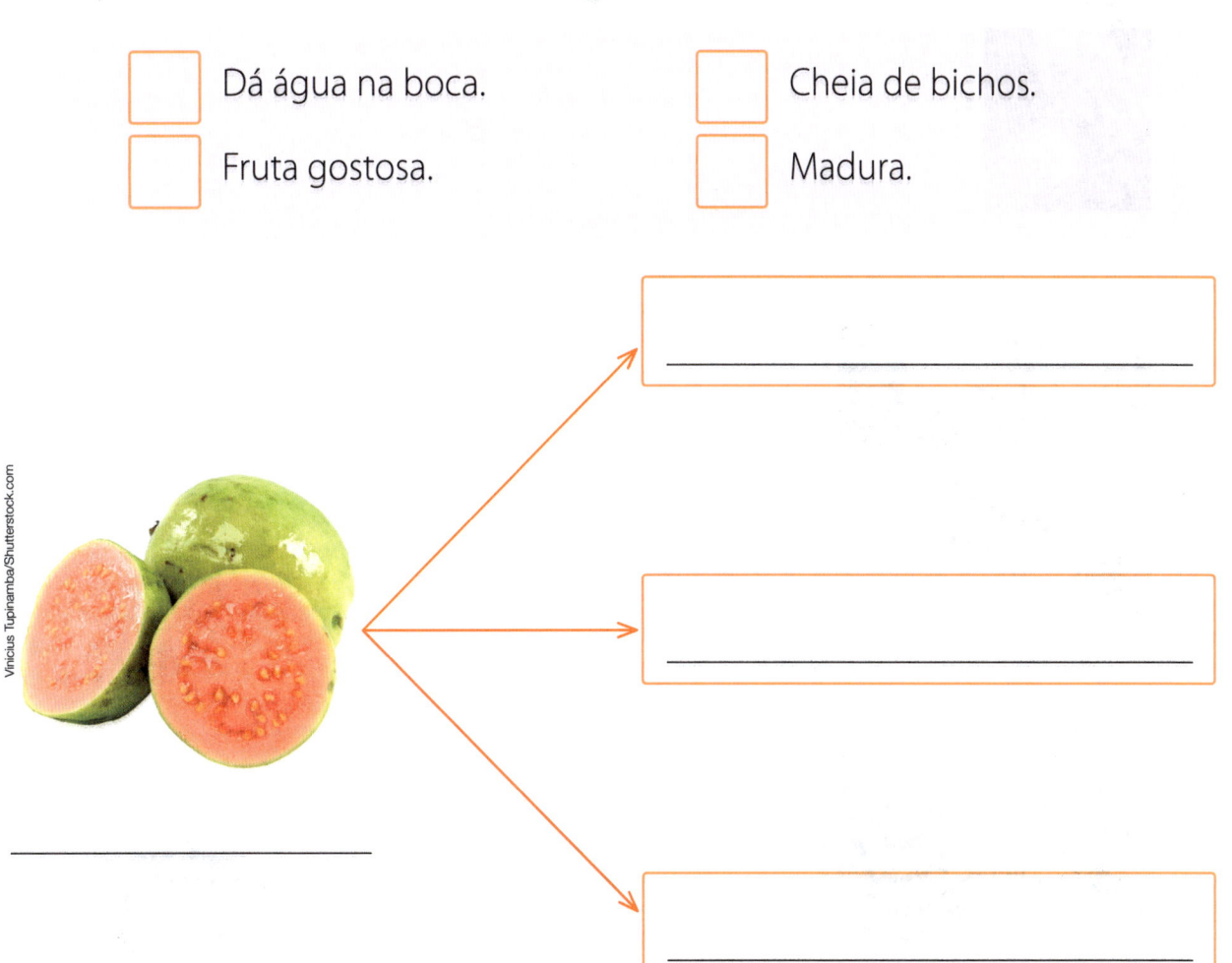

- ☐ Dá água na boca.
- ☐ Fruta gostosa.
- ☐ Cheia de bichos.
- ☐ Madura.

_____

[_____   ]

[_____   ]

[_____   ]

3. Localize e pinte as palavras escritas com a letra **g**. Depois, copie-as nas linhas abaixo.

goiaba	tempo	cheiro
	água	campo
boca	gostosa	raiz
	galho	madura

_____

_____

4. Preencha o diagrama de palavras.

1.
2.
3.
4.

5. Observe a imagem e responda às questões.

a) O que você vê na imagem?

_____

_____

b) O que você acha que a menina está pensando?

_____

c) Se você fosse escrever um texto para essa imagem, que título daria a ele?

_____

6. Leia as palavras em voz alta. Escreva ao lado o número de sílabas de cada uma delas.

a) amiga ☐

b) gasolina ☐

c) jacaré ☐

d) cogumelo ☐

7. Escolha duas palavras da atividade anterior e escreva uma frase com elas.

_____

_____

CALIGRAFIA

1. Leia e escreva as sílabas com a letra **g**.

GA   GO   GU

ga   go   gu

Ga   Go   Gu

ga   go   gu

CAPÍTULO 25

GRAMÁTICA

Continuando com a letra G

Leia a cantiga.

Giroflê, giroflá

Fui passear no jardim celeste,
Giroflê, giroflá.
Fui passear no jardim celeste
Para te encontrar.

O que fostes fazer lá?
Giroflê, giroflá.
O que fostes fazer lá?
Giroflê, giroflá.

Fui colher as violetas,
giroflê, giroflá
Fui colher as violetas
Para te encontrar.
[...]

Cantiga.

ATIVIDADES

1. Releia a letra da cantiga e circule com cores diferentes as palavras iguais no final dos versos.

2. Na linha, escreva o nome do jardim que aparece no texto. Depois, ligue-o somente aos motivos para visitá-lo que aparecem na letra da cantiga.

   a) Colher as violetas.

   c) Observar os pássaros.

   _____

   b) Tomar um pouco de sol.

   d) Encontrar uma pessoa querida.

3. Leia as palavras em voz alta e circule as que rimam com **giroflá**.

sofá	macia	crachá	lá
cá	violetas	pá	jardim

4. Ligue a palavra que completa o sentido de cada frase.

a) Girassol lembra…

geladeira.

b) Gema lembra…

selva.

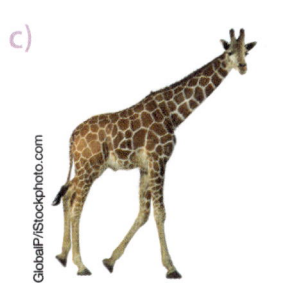

c) Girafa lembra…

jardim.

d) Gelo lembra…

ovo.

5. Complete com **ge** ou **gi** e copie as palavras.

a) _____bi

_____

b) _____ladeira

_____

c) ti_____la

_____

d) _____rino

_____

e) _____latina

_____

f) _____rafa

_____

g) _____leia

_____

h) _____n_____bre

_____

CALIGRAFIA

1. Leia e escreva as sílabas com a letra **g**.

GE   GI

ge   gi

Ge   Gi

ge   gi

CAPÍTULO 26

GRAMÁTICA

Letra H

Leia o título da notícia e observe a fotografia e a legenda.

HIPOPÓTAMO ESCAPA DE ZOOLÓGICO, SE DECEPCIONA COM MUNDO REAL E VOLTA APÓS 2 MINUTOS DE LIBERDADE

A própria hipopótamo, talvez desiludida com o mundo real, voltou para o zoológico após 2 minutos.

Hipopótamo escapa [...]. *Tabloide UOL*, São Paulo, 6 nov. 2017. Disponível em: https://noticias.uol.com.br/tabloide/ultimas-noticias/tabloideanas/2017/11/06/hipopotamo-escapa-de-zoologico-se-decepciona-com-mundo-real-e-volta-apos-2-minutos-de-liberdade.htm. Acesso em: 22 jan. 2021.

ATIVIDADES

1. A legenda foi apresentada:

☐ com a fotografia e trouxe mais informações.

☐ distante da fotografia e deu as mesmas informações.

2. Leia as palavras em voz alta. Observe como elas foram escritas.

| hipopótamo | árvore | órbita | ilha |
| helicóptero | harpa | elefante | horta |

Copie os nomes que têm a letra **h** na primeira sílaba.

_____

_____

_____

3. Observe a imagem e crie uma legenda para ela.

_____

_____

4. Ligue a palavra que completa o sentido de cada frase.

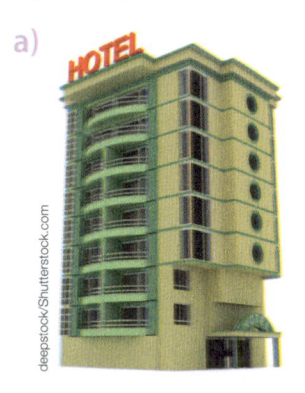

a) Hotel lembra...

humanidade.

b) Hora lembra.....

heroína.

c) Homem lembra...

hospedaria.

d) Herói lembra...

horário.

CALIGRAFIA

1. Leia e escreva as sílabas com a letra **h**.

HA   HE   HI   HO   HU

ha   he   hi   ho   hu

Ha   He   Hi   Ho   Hu

ha   he   hi   ho   hu

CAPÍTULO 27

GRAMÁTICA

Letra Q

Leia a notícia.

QUATI DÁ O MAIOR TRABALHO PARA POLICIAIS EM MARINGÁ

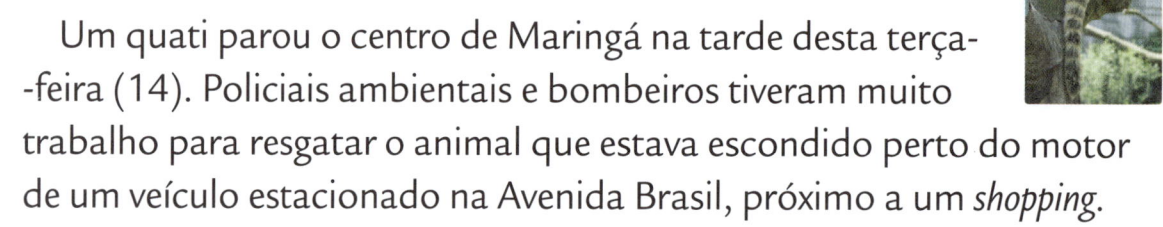

Um quati parou o centro de Maringá na tarde desta terça-feira (14). Policiais ambientais e bombeiros tiveram muito trabalho para resgatar o animal que estava escondido perto do motor de um veículo estacionado na Avenida Brasil, próximo a um *shopping*.

Foram vários minutos de operação para capturar o animal que saiu correndo pelo centro da cidade. O quati, muito assustado, foi resgatado e, de acordo com a Polícia Ambiental, solto em uma área de mata fechada na região de Maringá.

Fábio Guillen. Quati dá o maior trabalho para policiais em Maringá. *CBN*, Maringá, 14 jan. 2020. Disponível em: www.cbnmaringa.com.br/noticia/quati-da-o-maior-trabalho-para-policiais-em-maringa. Acesso em: 24 nov. 2020.

ATIVIDADES

1. Como a notícia foi organizada?

☐ Em linhas e parágrafos.

☐ Em versos e estrofes.

2. Assinale os elementos que formam a notícia.

☐ Título da notícia e data do acontecimento.

☐ Assunto da notícia, que explica o que, quando e onde aconteceu.

☐ As características do animal quati.

☐ Nome do jornalista que escreveu a notícia.

3. Complete as palavras com as sílabas **qua** ou **quo** e copie-as.

a) _____drilha _____

b) se_____ia _____

c) _____dril _____

4. Separe as sílabas.

a) quati ☐ ☐

b) aquário ☐ ☐ ☐

CALIGRAFIA

1. Leia e escreva as sílabas **qua** e **quo**.

QUA   QUO

qua   quo

Qua   Quo

qua   quo

CAPÍTULO 28

GRAMÁTICA

Continuando com a letra Q

Leia as regras da brincadeira.

Queimada

Local

Deem preferência ao ar livre. O campo deve ser dividido ao meio, com marcação de giz. Atrás dos dois campos, marquem uma área para os participantes ficarem depois de serem "queimados".

Material:
- 1 bola;
- giz de lousa para marcar o campo no chão.

Como brincar

Formem dois grupos com os participantes. Cada grupo ficará de um lado da marcação de giz.

Sorteiem o time que vai começar com a bola.

Um dos participantes desse time deve arremessar a bola na direção de um participante do outro time, tentando "queimá-lo".

Caso acerte, o jogador atingido se encaminha para o local marcado atrás do campo de seu time.

As jogadas devem ser intercaladas, uma vez para cada time.

Ganha o time que "queimar" primeiro todos os participantes do outro grupo.

Regras escritas especialmente para esta obra.

ATIVIDADES

1. Assinale a alternativa correta.

☐ O texto foi organizado em três partes: antes, durante e depois da brincadeira.

☐ O texto apresenta a brincadeira reunida em um parágrafo.

☐ O texto foi organizado em itens e conta as origens da brincadeira "queimada".

☐ O texto foi dividido em três partes: Local, Material e Como brincar.

2. Vamos aprender outra brincadeira! As regras da brincadeira "cabra-cega" ficaram todas misturadas! Numere as instruções na ordem correta.

Cabra-cega

Material:
- pedaço de pano ou roupa para vendar os olhos.

Como brincar

☐ Se acertar, a criança que foi descoberta toma seu lugar e é vendada. Se errar, continua sendo a cabra-cega e a brincadeira começa outra vez.

☐ A brincadeira é feita em roda. Uma criança deve ser vendada e girar no meio da roda.

☐ Quando parar de girar, deve dar passos até um dos outros participantes e, pelo tato, descobrir quem é e falar o nome dele.

Regras escritas especialmente para esta obra.

3. Separe as sílabas.

a) querer ☐ ☐

b) aqui ☐ ☐

c) quitanda ☐ ☐ ☐

d) quilombo ☐ ☐ ☐

CALIGRAFIA

1. Leia e escreva as sílabas **que** e **qui**.

QUE   QUI

que   qui

Que   Qui

que   qui

CAPÍTULO 29

GRAMÁTICA

Letras NH

Leia o poema.

> O H depois da letra N,
> leva a gente a quase engolir
> a língua e faz,
> NHA,
> NHE,
> NHI,
> NHO,
> NHU.
> Castanheira, aranha, desenhista,
> banho.

Ana Elisa Ribeiro e Zoé Rios. *Com ou sem H*. Belo Horizonte: Baobá, 2013. p. 18-21.

ATIVIDADES

1. Complete as palavras com **nha**, **nhe**, **nhi**, **nho** ou **nhu**.

a) mi_____ca

b) rai_____

c) ba_____sta

d) ne_____ma

e) di_____iro

f) dese_____

g) cami_____

h) compa_____a

i) ba_____ira

j) _____que

2. Separe as sílabas.

a) aranha ☐ ☐ ☐   d) linha ☐ ☐

b) cegonha ☐ ☐ ☐   e) ninho ☐ ☐

c) sonho ☐ ☐   f) banho ☐ ☐

3. Ligue as imagens às palavras. Depois escreva uma frase com uma delas.

a)

b)

c)

d)

e)

galinheiro

nhoque

pinheiro

aranha

golfinho

_____

4. Escreva as palavras conforme o exemplo.

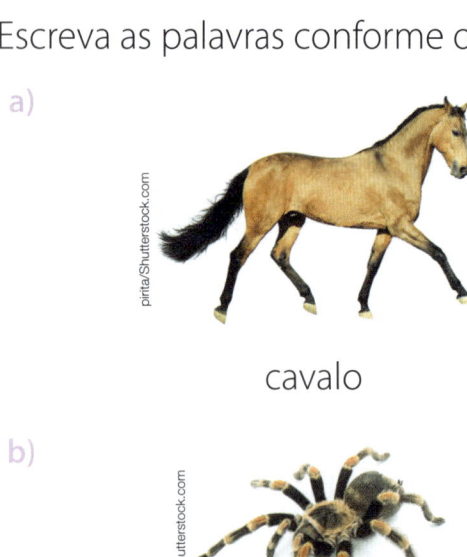

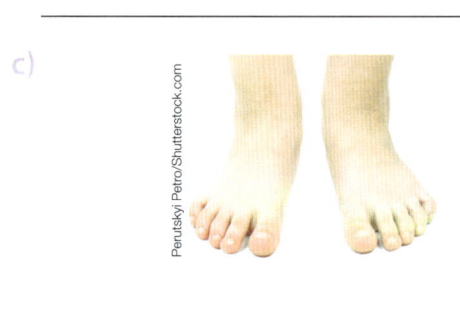

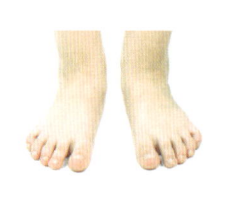

a) cavalo — cavalinho

b) _____ — _____

c) _____ — _____

d) _____ — _____

e) _____ — _____

5. As frases da história estão fora de ordem. Numere cada uma para deixá-las na ordem certa. Depois, dê um título à história.

   A Dona Aranha é insistente e não vai desistir. Mesmo com a roupinha molhada, recomeça a subir pela parede da casinha. Ela vai conseguir!

   De repente, uma gotinha.
   Outra gotinha. Começa a cair uma chuva muito forte!

   A Dona Aranha vai subindo, toda arrumadinha, pela parede da casinha.

   A Dona Aranha tenta, com toda sua força, se manter na parede da casinha, mas acaba caindo.

CALIGRAFIA

1. Leia e escreva as sílabas com **nh**.

NHA   NHE   NHI   NHO   NHU

nha   nhe   nhi   nho   nhu

Nha   Nhe   Nhi   Nho   Nhu

nha   nhe   nhi   nho   nhu

CAPÍTULO 30

GRAMÁTICA

Uso do til (~)

Leia a fábula.

O Leão e o Mosquito

O Leão ia de um lugar a outro e balançava a juba, mas o Mosquito não parava de incomodá--lo. Além das ferroadas, o zum-zum-zum parecia não ter fim. O inseto, para piorar a situação, provocou a fera:

– Eu não tenho medo do rei da selva!

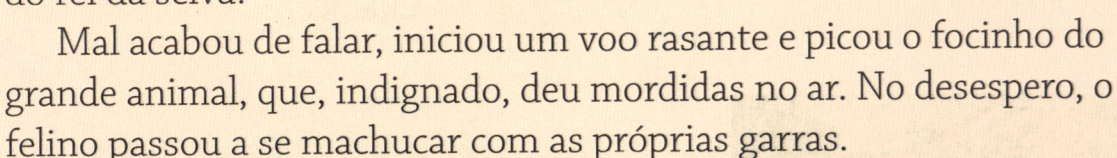

Mal acabou de falar, iniciou um voo rasante e picou o focinho do grande animal, que, indignado, deu mordidas no ar. No desespero, o felino passou a se machucar com as próprias garras.

O pernilongo intensificou os ataques com o seu zum-zum-zum... O Leão urrou e, exausto, rendeu-se.

O Mosquito foi embora, dizendo a todos que havia derrotado o mais temível predador da floresta. Porém, o orgulhoso, distraído com a glória, acabou preso em uma teia de aranha.

Ricardo M. Figueiredo Filho. O Leão e o Mosquito. *In*: Ricardo M. Figueiredo Filho. *O corvo e o jarro e outras histórias*. Brasília, DF: MEC/Sealf, 2020. p. 5. (Coleção Conta pra mim). Disponível em: http://alfabetizacao.mec.gov.br/images/conta-pra-mim/livros/versao_digital/o_corvo_e_o_jarro_versao_digital.pdf. Acesso em: 4 jan. 2021.

ATIVIDADES

1. Quais são os personagens da fábula?

☐ Leão. ☐ Camaleão. ☐ Mosquito. ☐ Rã.

2. Assinale o lugar em que se passa a história.

☐ Ilha. ☐ Cidade.

☐ Floresta. ☐ Deserto.

3. Qual é a ordem correta dos acontecimentos da narrativa? Numere os trechos.

☐ O mosquito espalhou pela floresta que havia derrotado o leão.

☐ O orgulhoso mosquito acabou preso numa teia de aranha.

☐ O leão fazia de tudo para se livrar de um mosquito que o incomodava.

☐ O mosquito picou o nariz do leão, que desistiu e se rendeu.

4. Leia as duplas de palavras e compare o som da última sílaba. Depois, copie as palavras que têm **til** (~).

> Til (~) é o sinal que indica o som nasal da vogal.

a) leão → leal   c) não → nau
b) mão → mal   d) capitão → capital

_____

_____

5. Copie as palavras a seguir no campo adequado.

chão   local   melões   cacau
papai   mamãe   radar   romã

Palavras sem til	Palavras com til (~)

6. Ligue a palavra que completa o sentido de cada frase.

a)

Limões lembram...

filho.

b)

Maçã lembra...

limoeiro.

c)

Mãe lembra...

oceano.

d)

Tubarões lembram...

macieira.

CALIGRAFIA

1. Leia e escreva as letras com til: **ã**, **ão**, **ãe** e **õe**.

Ã   Ão   Ãe   Õe

ã   ão   ãe   õe

Ã   Ão   Ãe   Õe

ã   ão   ãe   õe

CAPÍTULO 31

GRAMÁTICA

Letras K, W e Y

As letras **k**, **w** e **y** são usadas em muitas palavras de origem estrangeira, em nomes de pessoas e de lugares, entre outros casos.

ATIVIDADES

1. Pinte os nomes com **k**, **w** e **y**.

a) Rita
b) Wilson
c) Fabiana
d) Luiz
e) Vítor
f) Kátia
g) Yasmim
h) Laura

2. Ligue as palavras iguais.

wi-fi

Nova York

Nova York

wi-fi

3. Complete as palavras com **k**, **w** ou **y**.

a) _____elly

b) _____akissoba

c) _____iliam

d) _____uri

e) Micke_____

f) ki_____i

g) _____araokê

h) _____asmin

4. Recorte e cole palavras que comecem com **k**, **w** e **y**.
Depois, escreva uma frase com duas dessas palavras que você colou.

CALIGRAFIA

1. Leia e escreva as letras **k**, **w** e **y**.

K W Y

k w y

K W Y

k w y

RECORDANDO O QUE VOCÊ APRENDEU

Leia a letra da cantiga.

Meu galinho

Faz três noites que eu não durmo, o-laiá!]
Pois perdi o meu galinho, o-laiá!]
Coitadinho, o-laiá!
Pobrezinho, o-laiá!
Eu perdi lá no jardim.

Ele é branco e amarelo, o-laiá!
Tem a crista vermelhinha, o-laiá!]

Bate as asas, o-laiá!
Abre o bico, o-laiá!
Ele faz qui-ri-qui-qui!

Já rodei no Mato Grosso, o-laiá!]
Amazonas e Pará, o-laiá!
Encontrei, o-laiá!
Meu galinho, o-laiá!
No sertão do Ceará.

Cantiga.

ATIVIDADES

1. Circule na letra da cantiga as palavras que rimam com **galinho**.

2. Fale em voz alta o nome dos desenhos. Ligue os que rimam com o nome no quadro abaixo.

pintinho

3. Escreva na linha abaixo da imagem o nome do animal que aparece na cantiga. Depois, ligue-o somente às características que foram apresentadas na cantiga.

Canta de madrugada.

Tem a crista vermelhinha.

_____

Faz qui-ri-qui-qui.

É branco e amarelo.

4. Releia os versos da cantiga. Depois, assinale o quadrinho em que se encontra o sinal gráfico utilizado no fim dos versos.

Faz três noites que eu não durmo, o-laiá!
Pois perdi o meu galinho, o-laiá!

.   ?   !

Ponto final. Ponto de interrogação. Ponto de exclamação.

☐   ☐   ☐

5. Faça um traço para separar as palavras que formam os versos. Quantas palavras há em cada um deles?

Eleébrancoeamarelo ☐   Bateasasas ☐

Temacristavermelhinha ☐   Abreobico ☐

Agora, copie os versos dando espaço entre as palavras.

_____

_____

_____

_____

6. Que outras cores pode ter a crista do galinho? Escreva outras cores que rimem com **crista vermelhinha**.

a) crista _____   c) crista _____

b) crista _____

7. Ligue a palavra que completa o sentido de cada frase.

a)

Galo lembra...

buraco.

b)

Tatu lembra...

tosse.

c)

Xarope lembra...

leite.

d)

Queijo lembra...

galinha.

8. Escreva o nome das imagens e separe as sílabas.

a) _____

b) _____

c) _____

d) _____

e) _____

f) _____

g) _____

h) _____

i) _____

j) _____

9. Encontre no quadro de letras o nome de alguns animais.

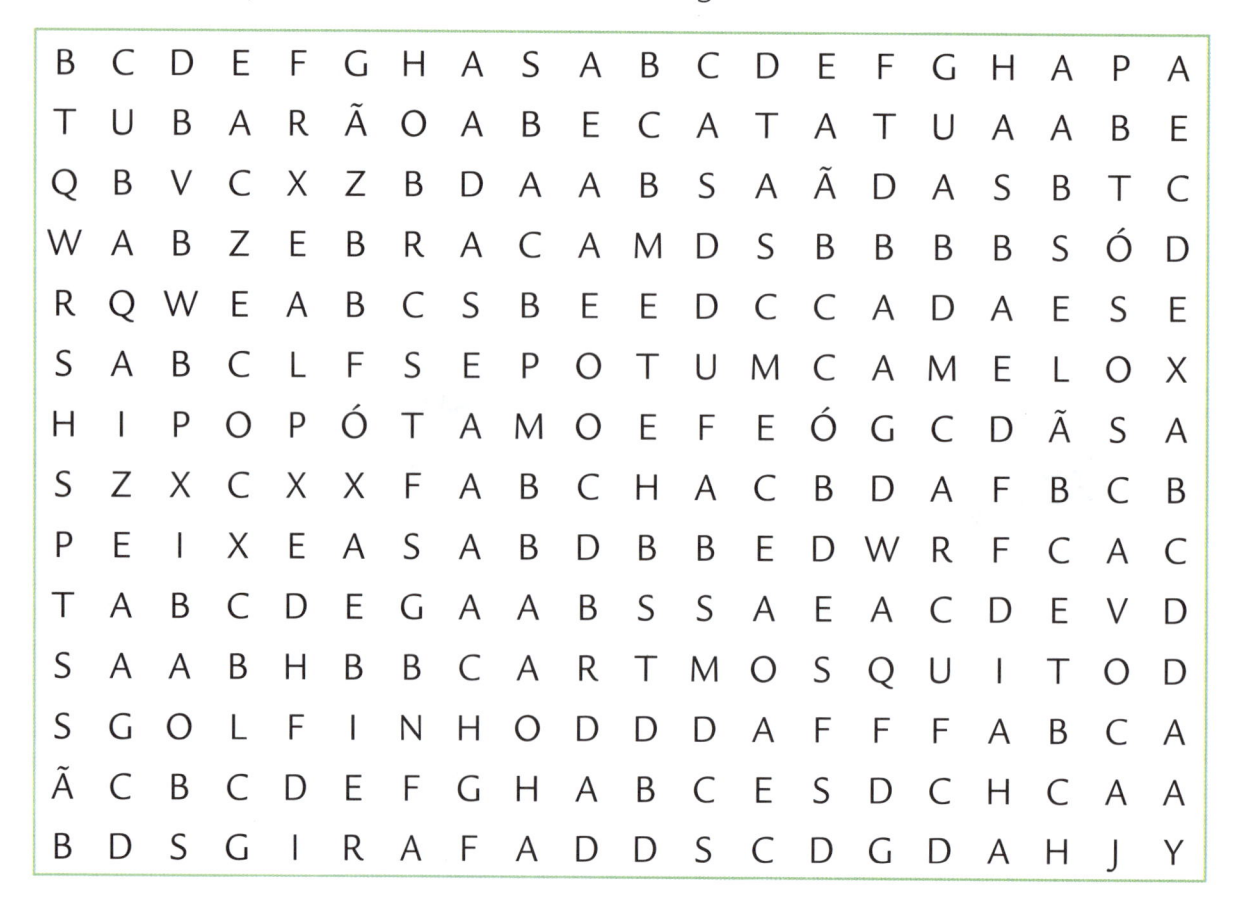

B	C	D	E	F	G	H	A	S	A	B	C	D	E	F	G	H	A	P	A
T	U	B	A	R	Ã	O	A	B	E	C	A	T	A	T	U	A	A	B	E
Q	B	V	C	X	Z	B	D	A	A	B	S	A	Ã	D	A	S	B	T	C
W	A	B	Z	E	B	R	A	C	A	M	D	S	B	B	B	B	S	Ó	D
R	Q	W	E	A	B	C	S	B	E	E	D	C	C	A	D	A	E	S	E
S	A	B	C	L	F	S	E	P	O	T	U	M	C	A	M	E	L	O	X
H	I	P	O	P	Ó	T	A	M	O	E	F	E	Ó	G	C	D	Ã	S	A
S	Z	X	C	X	X	F	A	B	C	H	A	C	B	D	A	F	B	C	B
P	E	I	X	E	A	S	A	B	D	B	B	E	D	W	R	F	C	A	C
T	A	B	C	D	E	G	A	A	B	S	S	A	E	A	C	D	E	V	D
S	A	A	B	H	B	B	C	A	R	T	M	O	S	Q	U	I	T	O	D
S	G	O	L	F	I	N	H	O	D	D	D	A	F	F	F	A	B	C	A
Ã	C	B	C	D	E	F	G	H	A	B	C	E	S	D	C	H	C	A	A
B	D	S	G	I	R	A	F	A	D	D	S	C	D	G	D	A	H	J	Y

10. Complete o diagrama com o nome das imagens.

11. Leia a palavra escrita no sentido vertical, depois complete as linhas ao lado dos quadrinhos com nomes de animais. Eles devem começar com as letras indicadas em cada linha. Tente se lembrar do maior número que puder!

a) B _____

b) I _____

c) C _____

d) H _____

e) O _____

f) S _____

12. Coloque o **til** (~) nas palavras a seguir e copie-as.

a) mamao _____   g) irmaos _____

b) mamae _____   h) piao _____

c) paes _____   i) cidadao _____

d) caminhao _____   j) maça _____

e) vilao _____   k) órfao _____

f) irma _____   l) bênçao _____

13. Leia a quadrinha.

> A abelha quer a flor,
> A formiga quer abrigo.
> Foi de tanto querer bem
> Que ganhei um grande amigo.
>
> Quadrinha.

14. Circule nos versos da quadrinha as palavras que rimam.

15. Escreva três palavras que rimem com **abrigo** e **amigo**. Depois, escolha duas delas para criar uma frase.

_____

_____

_____

16. Escreva o nome de três amigos(as) aos quais você quer bem.

_____

17. Faça um desenho com os amigos. Depois, juntos, deem um título a ele.